Barcelona

Text: Jorge Falcó

EDICIONES
Aldeasa

316
PERSONALITZAT
DE DECORACIÓ

Barcelona

◂ Modernistische Architektur im Eixample. Casa Comalat, Carrer Còrsega Nr. 316

Eine dynamische Stadt

Barcelona, die so genannte Grafenstadt, Hauptstadt des früheren Fürstentums Katalonien und der gleichnamigen Provinz. Eine Stadt mit zahlreichen beachtlichen Baudenkmälern, von denen viele – wie zum Beispiel die Sagrada Familia – in ihrer Art einzigartig sind. Ein Schmelztiegel der Kulturen und aufgrund der privilegierten Lage am Mittelmeer seit Alters her ein wichtiger Hafen. Der berühmte Autor Miguel de Cervantes beschrieb die Stadt als „Refugium der Höflichkeit, Herberge der Fremden, Hospital der Armen, Heimat der Mutigen, Rache der Gekränkten, angenehme Erwiderung guter Freundschaften und einzigartigen Ort von großer Schönheit". Seit den Olympischen Spielen 1992 und der Initiative Fórum 2004, die die Sanierung eines benachteiligten Stadtteils ermöglichte, ist Barcelona immer eine Reise wert. Die Freundlichkeit seiner Einwohner, das mediterrane Klima, die Strände, das maritime Flair des Stadtteils Barceloneta, die Handels- und Sporthäfen, die wichtigste Anlegestelle der großen Hochseeschiffe, die das Mittelmeer befahren und die zweitgrößte Zuflucht für Yachten und Sportsegelboote sind Gründe genug, dieser oft als europäischste Großstadt Spaniens bezeichneten Metropole am Mittelmeer ein paar Tage zu widmen.

Agbar-Turm. Im Hintergrund die Sagrada Familia. ▸

BARCELONA DIAGONAL

Das Wappen von Barcelona
Das Wappen von Barcelona ist in vier Felder aufgeteilt. Zwei davon zeigen die vier Streifen der katalanischen Fahne (oben links und unten rechts), zwei weitere zeigen Kreuze mit ungleich langen Armen (oben rechts und unten links), die auf die alten Embleme der Stadt und der Kathedrale anspielen. Über dem Wappen sind eine Krone und eine Fledermaus zu sehen.

Wappen von Barcelona am Passeig de Gràcia (oben)

Römische Büsten im Museum der Stadtgeschichte (unten)

Mauerrest an der Plaça Nova

Vom früheren Barcino zum modernen Barcelona

Als Ursprung Barcelonas wird eine erste Siedlung im 4. Jh. v. Chr. angenommen, die Barcino oder Barcinona hieß. Die ältesten archäologischen Fundstücke stammen jedoch aus dem 1. Jh., als der Ort die römische Kolonie Augusta Barcino war.

Dank seiner Lage direkt am Meer gelangte der Hafen schnell zu großer Bedeutung und konnte seine Vormachtstellung über Jahrhunderte halten. Der Westgotenkönig Ataulf residierte mit seinem Hof in Barcelona und machte es im 5. Jh. zur Hauptstadt seines Reiches. 712 fiel die Stadt an die Mauren, bis sie durch die Truppen Ludwigs des Frommen, Sohn Karls des Großen, zurückerobert wurde. Er machte sie zur Hauptstadt der Grafschaft Barcelona. Im 9. und 10. Jh. kam es zu mehreren Überfällen durch die Sarazenen. Der heftigste war der 985 von dem gefürchteten Almansor angeführte Angriff, in dessen Verlauf die Stadt starke Schäden davontrug und auch die romanische Kathedrale zerstört wurde.

Im 12. bis 14. Jh. profitierte Barcelona wie die meisten Mittelmeerhäfen vom starken Aufschwung des Handels.

Seine Bucht zählte zu den wichtigsten Handelsstützpunkten des Abendlandes und rivalisierte mit Genua um die Vorherrschaft am Mittelmeer. Schon im 13. Jh. entstand der *Consell de Cent* (Rat der Hundert), ein Regierungsorgan, das die Geschicke der Stadt lenkte, bis diese 1714 unter Phillip V. ihre Selbständigkeit verlor.

Das 15. Jh. brachte der Stadt mehrere Pestepidemien und Hungersnöte, die die Bevölkerung stark dezimierten. Erst im 16. Jh. kam der Handel wieder in Gang und die wirtschaftliche Blüte hielt sich dank des Aufschwungs der Schiffsbauindustrie mit leichten Schwankungen bis ins 18. Jh. Während des Erbfolgekriegs stand Barcelona auf der Seite der Habsburger. Nach der Machtübernahme durch die Bourbonen sah sich die Stadt deshalb in ihren Freiheiten und Vorrechten stark beschnitten.

Im 19. Jh. wurde die Industrie zum wirtschaftlichen Schwerpunkt Barcelonas. Anders als in anderen Gegenden Spaniens brachte der Verlust der Kolonien in Übersee mehr Vor- als Nachteile, da ein Großteil des auf den Westindischen

Kolumbusstatue an der Plaça Portal de la Pau ▸

Bombenspuren aus dem Bürgerkrieg an der Kirche Sant Felip Neri ▾

Port Vell und Basilika La Mercè ▸▸

Inseln investierten Kapitals zurückgeführt wurde. Ende des 19. und Anfang des 20. Jh. kam es durch starke Arbeiterunruhen zu deutlichen Schwierigkeiten. Deshalb wurde Barcelona zu einer Hochburg der sozialen Aufwiegler. Nach der Ausrufung der Zweiten Republik wurde die Stadt Sitz der neuen Regionalregierung (*Generalitat*) und Schauplatz der Revolution vom 6. Oktober 1934. Während des Bürgerkriegs (1936-1939) blieb Barcelona der Republik treu und erlitt mehrere Bombenangriffe der aufständischen Truppen und ihrer Alliierten. Seit der Wiedereinführung der Demokratie im Jahr 1977 ist Barcelona wieder Sitz der Regionalregierung *Generalitat*.

Das künstlerische Erbe

Der kunsthistorische Bestand Barcelonas reicht von Resten des römischen Barcino mit mehreren Mauerresten und archäologischen Fundstücken im Stadtgeschichtlichen Museum bis hin zu Beispielen der avantgardistischen Architektur des 21. Jahrhunderts.

Aus dem Mittelalter sind zahlreiche Sakral- und Zivilbauten erhalten. Einige davon gehören noch der Romanik an. Das schönste Beispiel aus dieser Epoche ist die im 10. Jh. gegründete Kirche Sant Pau del Camp im Mittelpunkt eines der volkstümlichsten Stadtteile Barcelonas. Zwei weitere Vertreter der Romanik sind die Kirche Santa Anna und die Marcús-Kapelle. Zahlreicher sind die Baudenkmäler aus der Zeit der Gotik, die mit dem maritimen Aufschwung der Stadt zusammenfiel. Nicht umsonst werden die Straßenzüge und Plätze rund um die Kathedrale als Barri Gòtic bezeichnet. Nicht nur die Kathedrale selbst, auch viele weitere Gotteshäuser wie die Kirchen Santa Maria del Mar und Santa Maria del Pi und die Stadtpalais der Carrer Montcada sind wahre Kleinode dieser Stilrichtung. Doch beschränken sich die gotischen Baudenkmäler nicht auf diesen Bereich. In der Oberstadt befindet sich der wundervolle Konvent Santa Maria de Pedralbes, dessen exquisite Architektur den Weg dorthin mehr als rechtfertigt. Aufgewertet wird das interessante mittelalterliche Bauwerk durch die Tatsache, dass dort seit 1993 eine bedeutende Auswahl der Thyssensammlung mit Werken von Fra Angelico, Rubens oder Canaletto ausgestellt wird.

Kirche Sant Pau del Camp (oben) ▸
Kreuzgang des Klosters Santa Maria de Pedralbes (unten)
Kirche Santa Maria del Pi ▸▸

Der charakteristischste Architekturstil Barcelonas ist zweifellos der so genannte *Modernisme*, eine dem Jugendstil gleichzusetzende Bewegung des ausgehenden 19. und beginnenden 20. Jh. In der Stadt wurde viel mit der neuen Formensprache experimentiert, deren bekanntester Vertreter Antoni Gaudí war. Das Viertel, in dem auf natürliche Weise besonders viele Beispiele dieser Architekturrichtung entstanden, war das nach dem 1854 erfolgten Abriss der Stadtmauer neu geplante Eixample im Norden der Ciutat Vella. Zur Gestaltung des Bereichs betraute die Stadtverwaltung den Ingenieur Ildefons Cerdà mit dem ersten städtebaulichen Großprojekt, das entscheidend zum heutigen Aussehen der Stadt beitrug. Obwohl der Plan Cerdàs aufgrund von Immobilienspekulation teilweise fehlschlug, weil vorgesehene Grünzonen gestrichen und die Gebäude erhöht werden mussten, hinterließ er ein wohlgeordnetes Viertel mit geraden breiten Straßen und identischen achteckigen Häuserblocks, in dem die wohlhabende Bourgeoisie, die dort lebte und noch heute lebt, einige der besten Beispiele der modernistischen Architektur finanzierte.

Wenn die Olympischen Spiele von 1992 einen guten Anlass zur Neugestaltung der Wasserfront boten, die durch industrielle Nutzung verschandelt war und statt dessen mit Bauten von Norman Foster, Arata Isozaki oder Santiago Calatrava ausgestattet werden konnte, gelang es in der Folgezeit, durch entsprechende Maßnahmen auch mehrere andere Stadtteile zu verschönen. Zurzeit ist eine tief greifende Umgestaltung des westlich der Rambla gelegenen Stadtviertels Raval im Gang. Barcelona bietet dem Besucher Jahr für Jahr neue Überraschungen, so etwa den in jüngster Zeit entstandenen eindrucksvollen Agbar-Turm von Jean Nouvel, dessen bunt schimmernde elliptische Struktur aus Glas und farbigem Aluminium schon bald ein universelles Wahrzeichen der City sein wird.

Luftansicht des Eixample ▸

Ciutat Vella

Die Ciutat Vella (Altstadt) ist der frühere Stadtkern Barcelonas und war bis Mitte des 19. Jh. ummauert. Der mittelalterliche Zuschnitt ist noch in den engen dunklen Straßen voller alter Läden (Buchgeschäfte, Antiquariate, Keramikläden, Kunstgalerien etc.) zu spüren, doch auch Reste aus der Römerzeit, mittelalterliche Bauten und einige der wichtigsten Baudenkmäler der Stadt sind dort zu sehen.

Palau de la Generalitat. Hauptfassade ▸

Kathedrale

Die gotischen Linien der Fassade der Kathedrale mögen einen falschen Eindruck erwecken, denn sie stammt aus dem 19. Jh. Das restliche Gebäude geht auf die Zeit Jaimes II. zurück, der den Bau einer Kathedrale auf den Resten einer romanischen Vorgängerin anordnete. Es ist bekannt, dass schon zu Zeiten Almansors eine Kathedrale existierte, die während der Invasion der Sarazenen 985 zerstört wurde.

Das Hauptportal wird durch eine Statue des Erlösers zweigeteilt. Das Frontispiz ist mit einer durchbrochenen Balustrade gekrönt, unter der sich ein mit menschlichen Figuren dekorierter Fries befindet. Die Figuren von Jesus und seinen Schülern stammen von Agapito Vallmitjana. Als weiterer Schmuck sind an der Fassade sechsundsiebzig Figuren von Engeln, Patriarchen und Propheten angebracht. Das spitzbogige Sant-Iu-Portal, über dem sich der Uhrenturm erhebt, zeichnet sich durch tief gestufte Archivolten aus. Im Tympanon eine Figur des Heiligen unter einem zierlichen Baldachin. An den Widerlagern sind seitlich zwei Tafeln angebracht, die an den Baubeginn während der Regierungszeit Juans II. von Aragon im Mai 1298 erinnern. Darüber sind mehrere Reliefs zu sehen, die einigen Autoren zufolge die mittelalterliche Legende vom Kampf des Ritters Vilardell gegen die Schlange zeigen, die die Bewohner von Sant Celoni in Angst und Schrecken versetzte. Andere Kunsthistoriker meinen, zu sehen sei der Graf Borrell im Kampf gegen den Drachen, den die Sarazenen im Bezirk Vallès ausgesetzt hatten. Beide Reliefs stammen wahrscheinlich aus der früheren Kathedrale aus dem 11. Jh. Die Porta de la Pietat neben der Apsis leitet ihren Namen von einem Relief ab, das die Jungfrau Maria am Fuße des Kreuzes zeigt. Das Tor bietet Zugang zum ruhigen schattigen Kreuzgang, der auch durch die streng gotische Porta de Santa Eulàlia zu erreichen ist. Zuletzt ist noch die Porta de Santa Llúcia zu erwähnen, die zu einer romanischen Kapelle aus dem 13. Jh. führt. Die beiden Türme, die den Komplex überragen, stammen aus dem 14. Jh. Zu den Glocken führt eine Wendeltreppe mit 210 Stufen. Die *Honorata* genannte frühere Glocke für den Stundenschlag war im Erbfolgekrieg 1714 stark beschädigt worden, wurde jedoch auf königlichen Befehl 1717 neu gegossen, „weil sie bei allen Aufständen geschlagen hatte und aus anderen Gründen, die seine Majestät zu berücksichtigen verstand".

Wasserspeier der Kathedrale (oben) ▸

Kathedrale. Tor der Santa Eulàlia (unten)

Kathedrale. Hauptfassade ▸▸

Im Innern ist das von zehn Säulen umgebene Presbyterium hervorzuheben. Hinter dem Altar befinden sich die marmorne Kanzel und der gotische Hochaltar. Darunter die Krypta der Hl. Eulalia (14. Jh.), der früheren Schutzpatronin von Barcelona. Nach der Eroberung durch die Sarazenen geriet das Grabmal der Martyrerin in Vergessenheit. Im Jahr 878 kam laut der *Geschichte der Grafen von Barcelona* von Diago der Bischof von Narbonne mit der Absicht in die Stadt, die Reliquie der Heiligen in seinen Besitz zu bringen und damit in seiner Heimatstadt eine ihr gewidmete Kirche zu gründen. Der Bischof von Barcelona untersuchte alte Dokumente in Klöstern und Zönobien und fand heraus, dass die Heilige in der außerhalb der Stadtmauer dicht am Meer gelegenen Kirche Santa Maria de les Arenes begraben war. Nach einigem Hin und Her wurde der angebliche Leichnam schließlich aufgefunden und mit großer Prachtentfaltung in die Kathedrale von Barcelona überführt. An den Vorgang erinnert eine weiße Marmortafel. Noch 1058 wird der Verbleib der sterblichen Hülle in der Kathedrale bezeugt. 1298 wurde diese im Zuge einer Umgestaltung in die Sakristei verlegt und blieb dort von 1337 bis 1339. Dann wurde sie im Beisein der Könige von Aragon, des Königs von Mallorca, des päpstlichen Nuntius, des Erzbischofs von Tarragona und anderer Persönlichkeiten wieder in die ursprüngliche Krypta verlegt.

Das Gotteshaus besitzt sechsundzwanzig reich geschmückte Kapellen mit Altaraufsätzen und Figuren aus unterschiedlichen Materialien und Epochen. Besonders sehenswert die Kapelle des Hl. Olegarius (dessen unverwester Leichnam in einem Grab bewahrt wird), der alte Kapitelsaal und die Kapelle Santíssim Sagrament. Viele der Kapellen und auch die Apsis besitzen bunte Glasfenster. Das älteste ist das der Taufkapelle, das im 15. Jh. von dem Glasmeister Gil Fontanet geschaffen wurde.

Der Kreuzgang besteht aus vier Galerien, die einen rechteckigen Garten umschließen. Er umfasst mehrere, im Vergleich zu denen des Kircheninneren schlichte Kapellen und eine Tür, die Zugang zur Kathedrale gewährt. Dieser Durchgang in romanischer Bauart scheint aus der Zeit der zweiten Kathedrale zu stammen. Im Tympanon ist ein Bildnis der Jungfrau Maria zu sehen. Die direkt von der Straße aus (gegenüber der Casa de l'Ardiaca) zugängliche Kapelle Santa Llúcia ist durch eine neben dem Altar befindliche Tür mit dem Kreuzgang verbunden. Der überwölbte Raum birgt ein Retabel, das die Hl. Luzie, die Schutzpatronin der Blinden zeigt. Des weiteren enthält er zwei Grabmäler, das des Bischofs Bernardo de Gurb, dem

Die Gänse der Kathedrale
Der Besucher der Kathedrale von Barcelona mag überrascht sein, in ihrem Kreuzgang auf eine Gruppe frei laufender Gänse zu stoßen. Diese symbolisieren das Alter von dreizehn Jahren, in dem die in der Krypta der Kathedrale beigesetzte Hl. Eulalie, die Schutzheilige der Stadt, ihrem Martyrium ausgesetzt war. Ihre weiße Farbe steht für die jungfräuliche Reinheit des Mädchens.

Gänse im Kreuzgang der Kathedrale ▲
Hauptaltar ▶

Die Grafschaft Barcelona
Die ersten Grafen von Barcelona erhielten die Titel „Grafen der Spanischen Mark" und „Grafen eines Benefiziums". Borrell II. war Ende des 10. Jh. der erste unabhängige Graf der Region.
Nachdem Ludwig der Fromme die Stadt 817 erobert hatte, wurde eine Grafschaft mit Hauptstadt Barcelona gegründet. 864 teilte Karl der Kahle die Mark in die beiden Herzogtümer Septimania mit der Hauptstadt Narbonne und die Spanische Mark, die aus den Grafschaften Barcelona, Gerona, Osona, Besalú, Perelada, Ampurias, Urgel, Cerdaña, Conflent und Rosellón bestand. Der Graf von Barcelona behielt seine Herrschaftsgewalt über alle weiteren und war mit dem Schutz der Mark betraut.

Statue des Grafen Ramon Berenguer el Gran (oben) ▸
Kapelle Santa Ágata (unten)
Eingang des Palau Reial Major ▸▸

Spender der Kapelle (13. Jh.) und das des Kanonikers Francisco Santa Coloma (14. Jh.).

Vor der Hauptfassade der Kathedrale erstreckt sich der Pla de la Seu. Von der Esplanade aus führt eine Treppe hinab zur Plaça Nova, wo ein großes Stück der alten römischen und mittelalterlichen Stadtmauer zu sehen ist. Von der Kathedrale aus liegt rechts vom Pla de la Seu das aus dem 15. und 16. Jh. stammende Bauwerk Pia Almoina. Es beherbergt das Diözesanmuseum mit interessanten Kunstwerken aus der Romanik, der Gotik, der Renaissance und dem Barock, die aus den Gemeinden der Diözese stammen.

Palau Reial Major

Als „Großer Königspalast" wird er zur Unterscheidung von einem weiteren Palast geringerer Dimensionen bezeichnet. Hervorzuheben ist der Tinell-Saal, der dem Empfang der Botschafter diente. In ihm befand sich auch ein Schreibmöbel, an dem die Schreiber jeden Tag offizielle Korrespondenz niederschrieben. Aufgrund der Verhandlungen war ein ständiges Murmeln zu hören, weshalb der Saal auch Saló del Borboll oder Gorgoll genannt wurde.

Barcelona
Gòtica

Später wurde er von den Benediktinerinnen der Hl. Clara als Kirche verwendet, die den Bau auch nach dem Erbfolgekrieg weiterhin unter sich hatten. Er war den Nonnen als Ausgleich für das Kloster zur Verfügung gestellt worden, das Phillip V. zum Bau der Zitadelle abreißen ließ.

Der mit 34 Metern Länge und 17 Metern Breite riesige Saal wurde im 14. Jh. nach einem Modell von Guillermo Carbonell auf Geheiß Peters des Zeremoniösen errichtet. Besonders beeindrucken die rundbogigen Scheidbogen, die der Gliederung des Raums und der Statik dienen. Auf ihnen ruht auch ein Gewölbe, das eine Holzdecke trägt.

Am 23. September 1461 verstarb in diesem Palast Karl von Aragon, Fürst von Viana, während am 7. Dezember 1492 König Ferdinand im Verlauf einer Audienz einem Anschlag zum Opfer fiel. Die wichtigste Begebenheit in den Annalen des Tinell-Saals ist jedoch der Empfang, der Kolumbus von den Katholischen Königen nach seiner Rückkehr aus Amerika bereitet wurde.

Ein weiterer Bestandteil des Palastkomplexes ist die Königskapelle oder Kapelle der Hl. Agathe (14. Jh.), eins der besten Werke der Gotik in Barcelona. Früher war sie durch eine Tür im Hochchor, der gleichzeitig als Königstribüne diente, mit dem Palau Reial Major verbunden. Das Gewölbe ziert eine Kassettendecke mit dem Wappen von Katalonien. Das heutige Retabel (15. Jh.) ist ein Werk von Jaume Huguet und ersetzt ein älteres, der Jungfrau Maria gewidmetes Werk, das Anlass zu der Annahme gibt, die ursprüngliche Kapelle sei ebenfalls der Gottesmutter gewidmet gewesen.

Palau de la Generalitat

Der Palast der Regionalregierung Generalitat nimmt die der Casa de la Ciutat gegenüberliegende Seite der Plaça de Sant Jaume ein. Der frühere Sitz der Generalitat de Catalunya, das auch als Diputació General bezeichnet wurde, erhob sich gegenüber der Kathedrale an der Stelle, die der Palau Reial Major und heute das Archiv der Krone von Aragon einnimmt. Im 15. Jh. wurden der Generalitat steuerliche Aufgaben übertragen. Außerdem wachte sie über die Einhaltung der Gesetze. 1462 führte sie die Aufstände gegen Juan II. und 1701 im Erbfolgekrieg gegen Phillip V. an. Nach Kriegsende schaffte das *Decreto de Nueva Planta* (1716) die Autonomie der Gebiete der Krone

Saló del Tinell. Palau Reial Major ▸

von Aragon ab. Mit der Entstehung der Zweiten Republik (1931) wurde auch die Generalitat wieder belebt. Das 1932 verfasste Autonomiestatut wurde am Ende des Bürgerkriegs (1939) unter der Franco-Diktatur ungültig. Die Generalitat arbeitet seit 1977 wieder und ihr Präsident Josep Tarradellas kehrte aus dem Exil zurück.

1590 begannen die Arbeiten zum Bau der Fassade an der Plaça de Sant Jaume. Das in Stein und Marmor gehaltene Werk des Meisters Pedro Blay zeichnet sich durch eine schlichte aber elegante Linienführung und dorische Schmuckelemente aus. Die Umgestaltung Pedro Blays betraf die Fassade bis zum Beginn des Treppenaufgangs. Das Eingangsportal ist mit vier dorischen Säulen geschmückt, über denen mehrere Balkone mit Marmorbalustrade zu sehen sind. Eine Nische mit einem Reiterstandbild des Hl. Georgs von Suñol vervollständigt den Schmuck der mit einer Kuppel gekrönten Fassade.

Das große Vestibül ist durch mehrere Säulen in drei Schiffe geteilt. Rechter Hand beginnt die Haupttreppe aus Marmor und Jaspis. In der Belle Etage befindet sich der

Detailansicht der Treppe ▲

Orangenhof ▶

großartige Saló de Sant Jordi, in dem große offizielle Anlässe gefeiert werden. Einer davon war die Eröffnung des Ständeparlaments am 5. Dezember 1705 durch Karl III., einen Neffen des Habsburgers Karl II. und im Erbfolgekrieg Gegenspieler des Herzogs von Anjou. Am 13. April 1716 wurden hier auf Befehl Phillips V. die schriftlich niedergelegten Privilegien der Stadt Barcelona verbrannt. Der im griechisch-römischen Stil gehaltene Salon ist ebenfalls der Umgestaltung durch Pedro Blay zu verdanken. Die gotische Porta de Sant Jordi ist mit einem Flachrelief des Heiligen verziert. In anderen Sälen sind Kassettendecken zu bewundern, die teilweise auf das 16. Jh. zurückgehen.

Durch das Foyer gelangt man in einen gotischen Innenhof mit einer Treppe. Links führt eine Tür in den Orangenhof (Pati dels Tarongers), der ebenfalls gotisch ist und zu den bedeutendsten Räumen des Gebäudes zählt. Der Bodenbelag besteht aus weißem und grauem Marmor. Rechts und links sind im Bereich des Bodens Spuren von zwei Galerien zu

Sant Jordi

Die Legende des Hl. Georgs als Besieger eines Drachens, der die Bewohner eines nicht näher definierten Königreichs bedrohte, war im Mittelalter sehr beliebt. Deshalb wählten viele in Kriege verwickelte europäische Nationen ihn zu ihrem Schutzpatron. Im Reich Aragon ist die Verehrung des Heiligen schon seit frühester Zeit belegt und wurde von Monarchen wie Jaume dem Eroberer gern gefördert. Er versicherte, bei der Eroberung Mallorcas seine Unterstützung genossen zu haben. Im 15. Jh. machte die Generalitat den Tag des Sant Jordi zu einem Feiertag, der in der katalanischen Bevölkerung nach wie vor tief verwurzelt ist. Da er heute mit dem Tag des Buches (23. April) zusammenfällt, hat sich der Brauch entwickelt, Freunden und Liebsten ein Buch und eine Rose zu schenken. Auf den Straßen wird der Festtag lebhaft gefeiert.

Wasserspeier im Orangenhof (links) ▲
Georgsbrunnen im Orangenhof (rechts)
Orangenhof ▸

sehen, deren Spitzbögen auf Säulen ruhten, von denen noch ein Stück eines Kapitells erhalten ist.

Durch eine klassizistische Brücke mit dem Palau de la Generalitat verbunden ist die Casa dels Canonges (Haus der Kanoniker). Der Bau aus dem 14. Jh. wurde in späterer Zeit stark umgebaut und dient den Präsidenten der Generalitat als offizielle Residenz. Hier wohnten zwischen 1931 und 1939 Francesc Macià und Lluís Companys und von 1977 bis 1980 Josep Tarradellas.

Aufgrund der strengen Sicherheitsbestimmungen können sowohl die Casa dels Canonges als auch der Palau de la Generalitat nur an wenigen Tagen im Jahr besucht werden.

Hinter dem Palau de la Generalitat erstreckt sich einer der attraktivsten Teile des Viertels, ein Gewirr aus engen Gässchen, die im Mittelalter zum *Call* oder Judenviertel gehörten und bis zur Plaça del Pi reichten. Dort erhebt sich die herrliche gotische Kirche Santa Maria del Pi aus dem 15. Jh., an der die belebte Carrer Petritxol mit Gebäuden aus dem 16. und 17. Jh. beginnt. In vielen von ihnen sind Schokoladengeschäfte, Konditoreien und andere traditionsreiche Läden untergebracht.

Casa de la Ciutat

Dem Palau de la Generalitat gegenüber beherrscht das Rathaus oder Casa de la Ciutat die Plaça de Sant Jaume. Sie nimmt den Platz eines früheren Gotteshauses und eines Palastes ein. Die ehemalige Porta de Sant Jordi, ein Meisterwerk hinsichtlich Architektur und Schmucks, wurde aufgrund eines Berechnungsfehlers 1823 abgerissen. Heute sind davon nur noch einige Reste vorhanden.

Vom alten Palast ist nur noch die schöne gotische Fassade zur Carrer de la Ciutat übrig. Die Tür wird eingerahmt von einem Bogen aus Steinquadern, die mit Blattwerk verziert sind. Über dem Türsturz ist eine lebensgroße Engelsfigur mit ausgebreiteten Flügeln zu sehen, die den Eingang zu bewachen scheint. Unter der pyramidenförmigen Kuppel, die den Engel beschirmt, ist *„Rafael Angelo"* zu lesen. Zwischen dem Laub und der Türöffnung sind verschiedene Schmuckelemente angebracht. Die Mitte nimmt

Historische Privilegien

Karl der Kahle gewährte Barcelona 844 das Privileg, der französischen Herrschaft treu zu bleiben. Ludwig der Fromme räumte der Kirche Sants Màrtirs (heute Sants Just i Pastor) einige Vorrechte ein. So sollten vor dem Altar des Hl. Felix ausgesprochene mündliche Vermächtnisse als statthaftes Testament gelten.
Berenguer Ramon I. und seine Frau Sancha verliehen Barcelona im Jahr 1025 eine Besiedlungsurkunde, die die Rechte der Stadt bestätigte und spätere Grafen zu ihrer Anerkennung verpflichtete. Jaume II. erkannte 1319 das Recht der *Consellers* (Ratsherren) und *Prohomes* (Obmänner) an, zivil- und strafrechtliche Entscheidungen zu treffen und die Todesstrafe gesetzlich zu regeln. Diese Verordnungen galten nur innerhalb der Stadtgrenzen, die von Montgat bis Castelldefels und von Montcada, Collcerola (heute Tibidabo), Vallvidrera und Molins de Rey bis zwölf Meilen in das Meer hinein reichten.
Das wichtigste Privileg, das *Recognoverunt proceres,* wurde Barcelona jedoch im Jahr 1283 von Pedro III. von Aragón verliehen. Diese zivilrechtlich besonders bedeutende Regelsammlung galt ursprünglich nur für die Bürger Barcelonas, weitete sich später aber auch auf andere Gemeinden aus.

Carrer del Bisbe ▲

Neugotischer Bogen im Carrer del Bisbe ▸

der berühmte Helm von Jaume dem Eroberer ein, dessen Helmzier vom Schlund und Hals eines wilden Drachens gebildet wird. Auch das Wappen der Könige von Aragon ist zu sehen. In derselben Wand öffnen sich zwei wundervolle Spitzbogenfenster, die von je zwei schlanken Säulen gegliedert werden. Im oberen Bereich befindet sich eine filigrane Balustrade, die durch zarte Nadeln in mehrere Abschnitte aufgeteilt ist. Darunter ragen schön gearbeitete Wasserspeier hervor.

Die Hauptfassade aus dem 19. Jh. ist ein Werk von Josep Mas. Sie geht zur Plaça de Sant Jaume. Den Eingang flankieren die Figuren des Ratsherrn Fivaller (Verfechter der katalanischen Vorrechte im 15. Jh.) und des Königs Jaume I., beide von Josep Bover. Darüber stützen vier ionische Säulen ein ebensolches Gesims, auf dem ein durchgehender Balkon ruht. Den oberen Teil der Fassade schmückt das Wappen der Stadt. Im Foyer sind Plastiken so bekannter Künstler wie Llimona, Clará, Gargallo, Rebull, Marés, Miró, Hugué, Navarro und Subirachs ausgestellt. Linker Hand liegt an einem gotischen Innenhof die Kanzlei der Schreiber mit dem Zugang zur Marmortreppe, die in die Repräsentationsetage mit dem Saal der Hundert führt.

Im Innern ist besonders der Versammlungsraum des Rates, der Saló del Consell de Cent zu erwähnen, ein eindrucksvoller Raum von dreißig Metern Länge und vierzehn Metern Breite. Sein Marmorportal ruht auf zwei ionischen Säulen. Auf dem Fries ist zu lesen: *„Senatus Populus Que Barcinonensis"*. Die Decke ist mit einem kunstvollen Artesonado geschmückt und wird von vier großen Bögen getragen, die sich auf an die Mauern angebaute Halbsäulen stützen. Die in eine Wand eingelassene Tafel verweist in gotischen Lettern darauf, dass hier am 14. August 1373 der erste Rat der Hundert abgehalten wurde. Früher war der Raum mit mehreren Gobelins, Gemälden, Statuen und prunkvollen Stühlen ausgestattet, auf denen die Ratsherren Platz nahmen. Von den Bildern ist besonders eine Jungfrau von Montserrat hervorzuheben, die der Abt des gleichnamigen Klosters dem *Consell* schenkte. Das große Retabel an einer der Wände existiert nicht mehr, doch einige Fachleute glauben, ein Teil davon sei im Altaraufsatz von Sant Miquel wiederzufinden. Der Saal des Konsistoriums besitzt einen halbrunden Grundriss und ist überkuppelt.

Casa de la Ciutat. *Sant Miquel* von Josep Llimona (oben) ▸

Casa de la Ciutat. Gotische Galerie (unten)

Casa de la Ciutat. Treppenaufgang ▸▸

Die Plaça de Catalunya und die Rambla

Die von Banken, Geschäften und Hotels umgebene Plaça de Catalunya ist der Mittelpunkt der Stadt. Von ihr aus gelangt man schnell auf die Rambla, dem bei der Bevölkerung und den Touristen gleichermaßen beliebtesten Boulevard Barcelonas. Wie ein breiter Fluss verläuft sie in Richtung Meer und gibt ein gutes Bild von der Vitalität und Geschäftigkeit der Stadt.

Modernistisches Geschäft an der Rambla ▸

Fca de PASTAS ALIMENTICIAS
BOMBONS

Plaça de Catalunya

Dieser Platz ist aufgrund seiner Lage als auch seiner Geschichte der wichtigste ganz Barcelonas. Er grenzt die Ciutat Vella (Altstadt) vom Eixample (Neustadt) ab, einer Gegend, die nach dem Abriss der Stadtmauer erschlossen wurde. Mit einer Fläche von fast 50.000 m^2 und Abmessungen von 233 Metern Länge und 218 Metern Breite war er ursprünglich eine unbebaute Fläche vor der Stadtmauer, der von Komödianten und fliegenden Händlern für ihre Aktivitäten zur Belustigung der Bürger Barcelonas genutzt wurde.

Im Laufe seiner Geschichte diente der Platz den unterschiedlichsten Zwecken. Es wurden dort Zirkuszelte und Kanonen installiert, revolutionäre Versammlungen und Feldmessen veranstaltet sowie Tanz- und Kostümfeste gefeiert. Ab 1870 wurde mit der Bebauung begonnen, doch die heutige Form entstand erst ab 1927, ausgehend von einem Projekt des Architekten Puig i Cadafalch.

Die Erschließung als Baugrund war nicht ganz einfach, da viele Flächen von ihren Besitzern für landwirtschaftliche Zwecke genutzt wurden und diese nicht auf sie verzichten wollten. Die ersten Baumaßnahmen stießen bei der Bevölkerung Barcelonas auf wenig Beifall, da man fand, der Platz gleiche einer Wüste (wahrscheinlich aufgrund seiner Größe und der darauf angepflanzten Palmen). Die Zeitungen jener Zeit sparten nicht mit Kritik.

Auf gewisse Weise ist die Plaça de Catalunya der wahre Mittelpunkt der Stadt, voller Leben und voller Besucher. Darum herum gruppieren sich zahlreiche Banken, ein Kaufhaus (von dessen Barterrasse aus man den besten Blick über den Platz hat), Hotels, Cafeterias und andere Gebäude. Gleichzeitig treffen hier auch mehrere wichtige Hauptstraßen wie La Rambla, Carrer Pelai, Paseo de Gràcia, Ronda de la Universitat, Carrer Bergara, Portal de l'Àngel, Ronda de Sant Pere und Carrer Fontanella zusammen. Verloren gegangen ist jedoch das Ambiente der alten Kaffeehäuser wie das anlässlich der Weltausstellung von 1888 eröffnete Café del Siglo XIX, das Gran Café Alhambra, wohl das größte Café, das Barcelona je hatte, das Hotel Colón oder das Maison Dorée. Als einziges von ihnen besteht noch das Café Zurich, das jedoch stark umgebaut ist. Auf dem Platz selbst fallen mehrere Skulpturen und Wasserspiele ins Auge. Von ihnen verdient *La Deessa* (Die Göttin) von Clarà besondere Beachtung, von der Joaquín Álvarez Quintero sagte, als er sie

Plaça de Catalunya

im Atelier des Künstlers zu sehen bekam: „Es ist eine Statue, mit der man sprechen kann".

La Rambla

Die Rambla ist sowohl tagsüber als auch nachts die belebteste Prachtstraße Barcelonas. Ihr Name leitet sich von *rámla* ab, was im andalusischen Arabisch Bachbett bedeutete. Ursprünglich verlief an der Stelle des heutigen, etwa 42 Meter breiten Boulevards ein Bach über eine Länge von 1,2 km bis zum Meer. Die Rambla ist in fünf Abschnitte unterteilt, die vom Meer aus gesehen Rambla Santa Mònica, dels Caputxins, de les Flors oder Sant Josep, Estudis und Canaletes heißen.

Obwohl diese wichtige Verkehrsader erst 150 Jahre alt ist, verleiht sie der Stadt Charakter und spiegelt ihre verschiedenen Facetten wider. Ihr Bau begann 1836 nach dem Abriss mehrerer Klöster, doch ihr heutiger Verlauf besteht erst seit dem Bürgerkrieg (1936-1939). Vorher

Tauben auf der Plaça de Catalunya ▲

La deessa von Clará ▶

Plaça de Catalunya ▶▶

Telefónica

dienten die fruchtbaren Grundstücke am Bachlauf mehreren religiösen Orden als Gemüsegärten. Um sie herum entstand die kleine Siedlung El Raval, deren Häuser den Verlauf der Rambla bestimmten. Als Klöster und Schulen, die hier ihre Wurzeln haben, sind unter anderem Santa Mònica der barfüßigen Augustiner, die Schule Sant Pere Nolasc der Mercedarier, Sant Angel Màrtir der Karmeliter, San Buenaventura der Franziskaner, die Kirche und das Kloster der barfüßigen Trinitarier, die Schule und Kirche Sant Josep der barfüßigen Karmeliter zu erwähnen.

Da die Klosteranlagen baulich wenig interessant waren, wurden viele von ihnen im Laufe der Zeit abgerissen oder anderen Verwendungszwecken zugeführt. So steht zum Beispiel an der Stelle der Schule San Buenaventura heute das Hotel Oriente. Das Gran Teatre del Liceu steht auf dem früheren Grundstück der Kirche und des Klosters der Trinitarier und der Boqueria-Markt nimmt den Platz des Gartens und Klosters Sant Josep ein (aus diesem Grund wird er auch als Markt Sant Josep bezeichnet). Die ersten Bäume wurden 1701 ohne einen vorgefassten Plan gepflanzt. Sie breiteten sich derart chaotisch aus, dass sie 1832 abgeschlagen und durch die heute noch vorhandenen Exemplare ersetzt wurden. Ihr Schatten ist besonders im Sommer angenehm, wenn die vom Meer her kommende Hitze die Stadt belagert.

Selbst wenn die Rambla nicht als monumentale Allee mit architektonisch herausragenden Gebäuden bezeichnet werden kann, zeigt sich hier die ungebremste Vitalität Barcelonas am besten. Abgesehen von den bunten Ständen, die Haustiere und Blumen feilbieten, ist besonders der nie abreißende Strom von Menschen jeden Alters, aller Rassen und sozialen Schichten sowie aller legalen und illegalen Berufsgruppen bemerkenswert. Die Rambla ist ein hervorragender Spiegel der Stadt.

Am oberen Ende der Rambla befindet sich in der Nähe der Plaça de Catalunya der Canaletes-Brunnen, dessen Wasser schon seit undenklichen Zeiten fließt. Seine heutige Einfassung stammt jedoch aus dem 19. Jh. Es heißt, dass Reisende, die von seinem Wasser trinken, irgendwann einmal nach Barcelona zurückkehren oder sich für immer in der Stadt niederlassen. Viele Ausländer halten an dem unschuldigen Ritual fest, da heute aus Hygienegründen nicht mehr Quellwasser, sondern normales Leitungswasser aus dem Rohr fließt. Andere lassen sich lieber an dem Brunnen fotografieren und sind häufig sogar gegenüber den Wassertrinkenden in der Überzahl.

Das Stadtviertel El Raval, das sich in diesem ersten Abschnitt rechts der Rambla erstreckt, wird seit einigen Jahren grundlegend saniert. Unter anderem wurde bereits

Geschäftiges Treiben auf der Rambla (S. 38-39)

Lustige Szene auf der Rambla de les Flors (oben) ▲

Deko-Drache an der Casa Quadros (unten)

Lebende Statuen auf der Rambla ▶

GRACIAS

das frühere Wohlfahrtszentrum Casa de la Caritat umgebaut, um dort Räume der Universität unterzubringen. Des weiteren wurde das Centre de Cultura Contemporània de Barcelona (CCCB) eingerichtet und das Kunstmuseum MACBA (Museu d'Art Contemporani de Barcelona) erbaut, ein interessantes Gebäude des amerikanischen Architekten Richard Meier. Seit seiner Einweihung 1995 ist es ein Dreh- und Angelpunkt der künstlerischen Avantgarde der Stadt.

Boqueria-Markt

Der Markt der Boqueria oder Sant Josep ist sowohl aufgrund seiner Industriearchitektur des 19. Jh. als auch wegen seiner Stände und des Produktangebots, das zahlreiche Gourmets und Restaurantbesitzer anzieht, eine der bedeutendsten Markthallen der Stadt.

Treten Sie ein und spazieren Sie durch die Marktgassen. Bewundern Sie die Stände, an denen Obst und Waren so

Rambla de les Flors ▲
Canaletes-Brunnen ▶
Boqueria-Markt ▶▶

MERCAT
St JOSEP
LA BOQUERIA
CARNICERIA
FRUTOS

kunstvoll aufgebaut sind, dass sie wie eine Filmkulisse wirken. Die Pilzstände halten eine Vielfalt bereit, die kaum möglich scheint. Und der Fischmarkt ist mit eisnassem Boden und dem charakteristischen Geruch nach Meer, den der frische Fisch verströmt, eine Welt für sich. Laut ihre Ware anpreisende Fischhändlerinnen beeindrucken mit ihren blütenweißen Schürzen, obwohl sie den ganzen Tag lang Goldbrassen, Seehechte und Tunfische ausnehmen und fachgerecht zerlegen.

Gran Teatre del Liceu

Im mittleren Teil der Rambla steht das Gran Teatre del Liceu, das wichtigste Theater von Barcelona. Es wurde 1838 nach den Plänen von Miguel Garriga y Roca auf dem Gelände des ehemaligen Klosters der barfüßigen Trinitarier errichtet. Erstmals wurde es 1862 nach einem Brand wieder aufgebaut, doch der zweite Großbrand 1994 zerstörte das Opernhaus fast vollständig. Erst 1999 war der Wiederaufbau abgeschlossen. Die schlichte Fassade bildet einen starken Kontrast zum Innern. Die Decke des Konzert- und Opernsaals in Hufeisenform ist mit Fresken dekoriert, die Szenen aus dramatischen Werken zeigen.

Viele Jahre lang rivalisierte das Liceu mit der Casa de les Comedies (auch Teatre de la Santa Creu), wo die Opernsaison vor dem Bau des Opernhauses stattfand. Am 27. Oktober 1787 zerstörte ein Brand das Theater, das jedoch schon ein Jahr später wieder eröffnete. Später erhielt das Teatre de la Santa Creu den Namen Teatre Principal (Haupttheater), um seine Bedeutung und lange Tradition gegenüber dem neuen Liceu hervorzuheben. Die Anhänger der beiden Häuser wurden als Liceistes und Cruzados bezeichnet. Das Teatre Principal wurde mit der Verdioper *Aida* eröffnet, die dort kurz nach ihrer Uraufführung in Kairo gegeben wurde. Außerdem diente seine Bühne dem *Lohengrin,* der ersten Wagneroper in Barcelona als Schauplatz.

Plaça Reial

Der zwischen 1850 und 1859 auf dem Gelände eines ehemaligen Klosters erbaute Platz zeichnet sich durch Arkadenreihen, einheitliche Gebäude und mit Terracotten dekorierte Fassaden aus. Das 84 Meter lange und 56 Meter

Gran Teatre del Liceu ▸

TEATRE DEL LICEU
ROSSINI

breite Rechteck weist einen napoleonischen Stil auf. Den Platz zieren Palmen und der Brunnen der drei Grazien sowie mehrere gusseiserne Straßenlaternen vom Anfang des 20. Jh., deren Entwurf auf Antoni Gaudí zurückgeht.

Unter den Arkaden stellen die zahlreichen Bars Tische und Stühle auf. Die Spezialität ist ein Glas Bier in Übergröße, der so genannte „*Tanque*". Hier versammelten sich in Zeiten, in denen die Delinquenz auf dem Platz noch kein Problem darstellte, die Zuschauer des Liceu, um in den Pausen ein kühles Bier und eine Kleinigkeit zu Essen zu sich zu nehmen. Die Hausnummer 8 beherbergte den Laden eines Taxidermisten, in dem Mitte des 20. Jh. eine wissenschaftliche Gesprächsrunde stattfand und dessen ausgestopfte Tiere, allen voran die Menschenaffen, bei den Passanten großes Aufsehen erregten.

Auf der Höhe der Plaça Reial beginnt auf der anderen Seite der Rambla der Carrer Nou de la Rambla, an dem eins der besten Werke Gaudís, der Palau Güell liegt. Das als Residenz des Mäzens Eusebi Güell konzipierte Stadtpalais besticht durch seinen Innenhof und einen mit einer großen Kuppel überwölbten Saal.

Straßencafé unter den Arkaden der Plaça Reial ▲

Plaça Reial ▸

Die Seefront

Die nach den Olympischen Spielen von 1992 vollständig renovierte Front, die Barcelona dem Mittelmeer zuwendet, ist wieder zu einem der vitalen Lebensräume der Stadt geworden. Dort wechseln sich Häfen, Strände und immer gut besuchte Freizeitbereiche ab, doch auch die Bezüge zur Geschichte sind zahlreich. Mittelalterliche Schiffszeughäuser wechseln ab mit der Architektur und dem Design des 20. Jh., das zum avantgardistischen Ruf der Stadt beitrug.

Moll de la Fusta ▸

JVC
ADUANAS

Reials Drassanes (Königliche Schiffszeughäuser)

Die Bezeichnung Drassanes leitet sich vom arabischen *addar assan'a* ab, was in etwa „Haus der Industrie" bedeutet. Es handelt sich um eine mittelalterliche Werft (in Europa einmalig), deren Grundsteinlegung im 13. Jh. erfolgte, als Peter der Große das Königshaus Barcelona mit Schiffen versorgen wollte. In jenen Zeiten war die Stadt Barcelona Herrin der Meere und ihre Schiffe trieben im gesamten Mittelmeer Handel.

Die von der Werft hergestellten Schiffe hatten einen so guten Ruf, dass König Jaume der Eroberer 1227 einen Erlass unterschrieb, der den „Handel mit Ägypten, Ceuta und anderen Teilen des Berberreichs nur mit Schiffen aus Barcelona gestattete". Im 14. Jh. erweiterte Peter der Zeremoniöse die Werft derart, dass dreißig Galeeren gleichzeitig gebaut werden konnten. Eine alte Seemannschronik informiert über die Baukosten einer solchen Galeere: „Eine der so genannten 'Sutiles' kostet komplett ausgerüstet und betakelt 1150 barcelonesische Pfund, eine 'Gruesa' 4600 aragonesische Goldfranken. Der Unterhalt einer bewaffneten und bemannten Galeere wird auf jährlich 4700 Pfund geschätzt. Wenn also ein katalanisches Pfund einen Kupferescudo und zwanzig Maravedis und die Franken zwölf barcelonesische Soldi wert sind, von denen zwanzig ein Pfund ergeben, dann kostet eine ‚Sutil' etwa zwölftausend zweihundert Kupferreal..."

1553 begann die Befestigung des Werftgeländes und am 10. März des Jahres wurde auf Geheiß der *Consellers* (Ratsherren) der Grundstein des späteren Bollwerks der Santa Madrona gelegt. Im 17. Jh. wurden an der heutigen Rambla drei Hallen gebaut. Zwei davon wurden im 18. Jh. miteinander verbunden, um auch Schiffe mit größerem Tiefgang bauen zu können.

An der Avinguda del Paral.lel, die an dem riesigen Gelände entlang führt, ist ein Rest des dritten Mauerrings erhalten, der die Stadt umgab (14. u. 15. Jh.). Nach dem Verlust ihrer ursprünglichen Funktion waren die Drassanes lange Zeit Artilleriepark mit Werkstätten, Lagerhäusern und Waffenkammer. Nach zahlreichen Umbauten im 16., 17. und 18. Jh. ist darin heute das Seefahrtsmuseum untergebracht. Es bietet einen umfangreichen Dokumentenfundus zum Handel, der Kriegsmarine, der Handels-, Fischerei- und Sportflotte sowie Seekarten.

Reials Drassanes ▸

mmb 75 anys
1929 2004

LAS GOLONDRINAS – TRIMAR

Kolumbusdenkmal

Dieses Denkmal, das zu den typischsten der Stadt zählt, wurden von den Bürgern Barcelonas finanziert, um dem Entdecker Amerikas zu gedenken. Seine imponierende Silhouette markiert das Ende der Rambla zum Meer hin, das an dieser Stelle den Hafen von Barcelona bildet.

Das 1888 anlässlich der Weltausstellung von Buigas geschaffene, insgesamt fast 60 Meter hohe Standbild besteht aus einer 50 Meter hohen gusseisernen Säule, die die Statue des Admirals trägt. Diese ruht auf einem steinernen Sockel und erinnert an die Rückkehr von der ersten Amerikareise, als Kolumbus im Tinell-Saal vor die Katholischen Könige geführt wurde. Die Säule mit geripptem Schaft zeigt vier Frauengestalten, die den Seefahrer bekrönen. Das auf mittlerer Höhe angebrachte Medaillon zieren die Worte: „Barcelona zu Ehren Kolumbus". Die Basis ist mit vier Bronzelöwen und an den Paramenten mit acht Reliefs verziert, die Szenen rund um Kolumbus und die Entdeckung Amerikas zeigen. Der zweite Abschnitt mit achteckigem Querschnitt ehrt Personen, die mehr oder weniger stark am Zustandekommen der Expedition beteiligt waren. Zu sehen sind die Statuen von Ferrer de Blanes, Santángel, Pater Boyl und Kapitän Margarit.

Vor dem Denkmal befindet sich das alte Hafengelände, das Ende des 20. Jh. in eine Grünzone umgewandelt wurde. Heute lädt der Moll de la Fusta (Holzkai) zum Flanieren ein. Zu dem sich anschließenden Freizeitbereich Moll d'Espanya mit dem beliebten Einkaufszentrum Maremágnum, dem Aquarium und dem Imax-Kino gelangt man über einen originellen Holzsteg, die Rambla del Mar. Gleich daneben die Anlegestelle der beliebten Golondrinas, kleinen Personendampfern für Hafenrundfahrten bis zum Wellenbrecher. Ebenfalls ganz in der Nähe dieser belebten Zone befindet sich die Basilika der Stadtpatronin von Barcelona, der Verge de la Mercè.

Kirche Verge de la Mercè

Das zwischen 1765 und 1775 erbaute Gotteshaus folgt den Entwürfen des Architekten Josep Más. Die im korinthischen und ionischen Stil gehaltene Fassade wird von einem Glockenturm mit achteckigem Grundriss flankiert. Die Fassade zum Carrer Ample stammt noch von der heute abgerissenen Kirche Sant Miquel. Die Fassade blieb jedoch

Moll d'Espanya und Rambla del Mar (S. 52-53)

Kolumbusdenkmal (oben) ▸

Kuppel der Basilika de la Mercè (unten)

Sockel des Kolumbusdenkmals ▸▸

zum Glück erhalten und ist eines der besten Beispiele der Übergangsarchitektur von der Gotik zur Renaissance.

Unter der Bezeichnung Verge de la Mercè wird hier die Muttergottes als Schutzpatronin von Barcelona angebetet. Ihre Geschichte ist eng mit der des Mercedarierordens verbunden, der 1218 gegründet wurde, nachdem die Jungfrau Pere Nolasc, einem jungen Mann aus gutem Hause erschienen war. Unterstützt durch einflussreiche Persönlichkeiten wie Sant Ramon de Penyafort, Bischof Berenguer de Palou und sogar König Jaume I. war der Orden zu Anfang ein von Laien gebildeter Militärorden, der sich um die Befreiung christlicher Gefangener aus den Händen der Ungläubigen kümmerte. Die Verehrung der Jungfrau der Gnade hat ihren Ursprung in einer Kirche, die die Mercedarier im früheren Hospital Santa Eulàlia gründeten, der ein Teil des Königspalasts von Barcelona war. Pere Nolasc gründete mit der Zustimmung mehrerer Könige außerhalb der Stadt einen Konvent mit zugehöriger Kapelle. Schon im Jahr 1259 gab es einen Altar zu Ehren der Jungfrau.

Die Kirche ist mit einer großen Kuppel und einer Statue der Jungfrau mit dem Kind von dem Bildhauer Sala bekrönt. Das Innere ist dreischiffig mit mehreren Seitenkapellen. Die Kuppel ist mit schönen Fresken ausgemalt, die die Krönung

Die Rache der Hl. Eulalia

Die Hl. Eulalia war bis ins 17. Jh. die einzige Schutzpatronin Barcelonas. Dann verlor sie ihre Vorrangstellung an die Verge de la Mercè, deren Ehrentag der 24. September ist. Da es an diesem Tag fast immer regnet, sagen die Bürger der Stadt, dies geschehe, weil die Hl. Eulalia sich dafür räche, ihren Platz mit einer zweiten Schutzheiligen teilen zu müssen.

Fassade der früheren Kirche Sant Miquel (links) ▲
Figur der Verge de la Mercè (rechts)
Hochaltar der Basilika ▶

QUÆBARBARIS
VIRGINI JURATA NOS
VERA CHRISTE CHARITAS

der Verge de la Mercè illustrieren. Die Fresken des Presbyteriumsgewölbes zeigen Persönlichkeiten, die bie der Gründung des Mercedarierordens eine Rolle spielten. Zu sehen sind Ramon de Penyafort, Pere Nolasc und König Jaume der Eroberer. Die dort verehrte Marienstatue ist eine Beltrán Roca zugeschriebene schöne gotische Holzplastik aus dem 14. Jh. Die Jungfrau sitzt auf einem reich geschmückten Thron, dessen Armlehnen, Schnitztechnik und Ornamentierung Hinweise auf das Alter geben. Die Experten bezweifeln jedoch, dass das Jesuskind auf ihrem Schoß aus der selben Zeit und vom selben Künstler stammt.

Carrer Montcada

Beim Moll de la Fusta befindet sich auch der Sporthafen Port Vell (Alter Hafen) und dahinter das alte Wohnviertel der Großbürger und Aristokraten Barcelonas mit zahlreichen noch erhaltenen Stadtpalais. Sein Mittelpunkt ist der Carrer Montcada. Ihren Namen erhielt die Straße laut den Chroniken von ihrem ersten Anwohner, Guillermo Montcada, der die Gemeinde Arenal im Jahr 1153 der Stadt Barcelona abkaufte. Die Familie Montcada residierte in einem anderen Herrenhaus in der Stadt, doch zog die nachfolgende Generation in die Straße ihres Namens um. In ihrem am 9. April 1624 abgebrannten Palais lebte eine Zeit lang auch die genovesische Familie Giudici. Während der Belagerung der Stadt im Jahr 1705 versammelte sich der *Veintecuatrena* genannte Kriegsrat in den Gewölben des Palau Dalmases, der Hausnummer 2 des Carrer Montcada.

Museu Picasso

Eins der bedeutendsten gotischen Gebäude des Carrer Montcada, der frühere Palau Berenguer de Aguilar aus dem 13.-14. Jh., wurde im 15. Jh. wieder aufgebaut und beherbergt seit 1960 das Museu Picasso. Zu diesem Zeitpunkt vermachte Jaume Sabartés, ein Freund des Malers, der Stadt seine Privatsammlung. Das Palais besitzt einen schönen Innenhof mit einem Säulenumgang, der von Marco Safont entworfen wurde. Dieser Architekt wirkte auch am

Carrer Montcada (oben) ▸

Margot o l'espera, Pablo Picasso. Museu Picasso (unten)

Eingang des Museu Picasso ▸

Palau de la Generalitat mit. Das Museum zeigt Gemälde, Keramiken und Skulpturen des Künstlers aus Málaga (1881-1973), der von 1895 und 1901 in Barcelona lebte. Während seines Aufenthalts in der Stadt stellte er in Els Quatre Gats aus, zeichnete für mehrere Zeitschriften und gründete *Arte Joven*. Eine 1981-1987 ausgeführte Erweiterung des Museums gliederte diesem die alten Herrenhäuser Meca und Baró de Castellet an.

Kirche Santa Maria del Mar

Der Carrer Montcada führt auch zur Kirche Santa Maria del Mar, dem besten Beispiel der katalanischen Sakralgotik der Stadt. Der Bau des fast dreitausend Quadratmeter großen Areals begann laut Chroniken wohl 1328 und wurde 1483 beendet. Die Geschichte des Tempels begann in der Frühzeit des Christentums, als an der Stelle eine kleine Kapelle existiert haben soll, die in eine Grablegungskirche für die Hl. Eulalia umgewandelt wurde. Im Jahr 1000 legte der Bischof Aecio den Grundstein der Kirche Santa Maria de les Arenes. Als sich ihre Umgebung mit Seeleuten, Händlern und Fischern bevölkerte, wurde das heutige Gotteshaus errichtet. Eine katalanische Inschrift hält fest: „Im Namen der Trinität und zu Ehren der Muttergottes wurde diese Kirche am Tag der Hl. Maria im März 1328 gegründet, als Namfos von Gottes Gnaden König von Aragón war und das Königreich Sardinien eroberte." 1379 fiel sie einem Brand zum Opfer, wurde jedoch mit der Unterstützung der Gemeinde, ihres Rektors und Priesters, dem Kardinal von Pamplona und Peters des Zeremoniösen restauriert.

Die gotische Fassade besitzt ein schönes Eingangsportal mit schlanken Säulen, die eine nach innen abgestufte Ogive tragen. Darin ist Christus zwischen der Jungfrau Maria und dem Hl. Johannes zu sehen. Die Seitenfelder zeigen die Heiligen Peter und Paul. Die Linien des Ensembles sind so klar und in sich stimmig, dass sogar Laien das große bauliche Können erkennen. Die Fassade flankieren zwei Glockentürme. Die große Rosette, die das Mittelschiff mit Licht versorgt, wurde 1428 zerstört, als ein Erdbeben die Stadt heimsuchte. Weitere Türen befinden sich in den Straßen Sombrerers und Santa Maria sowie in der Apsis.

Das Innere der Kirche Santa Maria del Mar (oben) ▲

Hochzeit in der Kirche Santa Maria del Mar (unten)

Hauptfassade der Kirche ▸▸

Die drei Langhäuser ruhen auf sechzehn achteckigen Pfeilern. Die Bögen zwischen den Pfeilern tragen die wenig dekorierten, aber wunderbar strukturierten Gewölbe. Die zweiunddreißig Seitenkapellen sind mit schönen Glasfenstern ausgestattet. Der vollkommen aus Marmor hergestellte barocke Hauptaltar stammt aus dem 17. Jh. Das Retabel ist einem Bildhauer der Reials Drassanes zu verdanken, der auf das Schnitzen von Galionsfiguren spezialisiert war. Auf der Epistelseite ist eine Tribüne zu sehen, die das Gotteshaus mit dem ehemaligen Königspalast verband. Die von Jaume Candoliver und Joan de Artés 1560 geschaffene Orgel befindet sich auf der Evangelienseite. Die besonders reich dekorierte Kapelle des Allerheiligsten wurde 1834 abgeschlossen und weist korinthische Säulen und ein Gewölbe mit Artesonado auf. Eines der wenigen noch erhaltenen Gräber ist das von Baltasar de Gualbes. Er war Kustode der Kirche und starb in Ausübung seines Amtes am 22. August 1433.

Die Kirche ist Ausgangspunkt des Passeig del Born, einem Bereich der Stadt, der Volksfesten vorbehalten ist und heute von Bars und Kunstgalerien bevölkert ist, die ihm ein kosmopolitisches Flair verleihen. Dazu trägt auch die Umgestaltung der früheren Markthalle bei, einem wunderbaren Beispiel der Stahlträgerarchitektur des 19. Jh. Heute dient sie kulturellen Veranstaltungen.

Das Olympische Dorf und seine Umgebung

Hinter dem Stadtteil Barceloneta mit den besten Stränden der Stadt mit Duschen, Behindertenrampen, Kinderspielplätzen usw. erstreckt sich das Olympische Dorf der Sportler der Olympiade 1992. Sein Mittelpunkt ist die Avinguda Icària, deren Name auf die von Étienne Cabet ersonnene kommunistische Gesellschaft anspielt, die er in dem Buch *Voyage en Icarie* (1840) beschreibt. Cabet versuchte, diese Vision in die Praxis umzusetzen und organisierte 1848 mit der Unterstützung der beiden Katalanen Rovira und Montaldo eine „große Auswanderung" nach Texas (schließlich ließ er sich in New Orleans nieder). Das Projekt hatte jedoch keinen Erfolg. Es wird behauptet, das Poble Nou am Ende der Avinguda Icària wurde von Anhängern Cabets gegründet, die die sozialistische Utopie in ihrem Stadtteil umsetzen wollten.

Die städtebauliche Planung des Olympischen Dorfs wurde 1985 unter der Leitung von Oriol Bohigas, Josep

Olympisches Dorf. Im Hintergrund das Agbar-Hochhaus. ▸

Martorell, David Mackay und Albert Puigdomènech begonnen. Es folgt dem von Cerdà vorgegebenen Raster und bedeckt eine Fläche, die fünfzig Blocks des Eixample entspricht. Obwohl es als Wohnviertel konzipiert ist (2000 Wohnungen), weist es einige Besonderheiten auf. Zur Auflockerung gibt es viele offene Räume, Grünanlagen, Ladenlokale und Büros, um dem Eindruck einer Schlafstadt entgegenzuwirken.

Die Häuser wurden von international bekannten Architekten entworfen und beherbergten während der Olympischen Spiele 1992 über fünfzehntausend Sportler. Danach wurden sie zu normalen Wohnungen für ca. zehntausend Menschen umgebaut. Zum Bau des olympischen Dorfs wurden mehrere Industriebauten abgerissen. Nur ein alter Schornstein blieb stehen. Er kontrastiert mit den modernen Linien der 154 Meter hohen Zwillingstürme mit je 45 Etagen, die die Plaça dels Voluntaris überblicken. Die Mitte des Platzes schmückt der Springbrunnen des olympischen Dorfs.

Das Mapfre-Hochhaus, in dem die Büros der größten Versicherung Spaniens untergebracht sind, wurde von den Architekten Íñigo Ortiz und Enrique León entworfen, das Hotel Arts (gegenüber) von Skidmore, Owings und Merrill. Das von Frank Gehry, dem Schöpfer des Guggenheim-Museums Bilbao entwickelte wal- oder fischähnliche Werk mit goldglänzenden Schuppen kann von jedem Betrachter nach eigenem Gutdünken interpretiert werden.

Die Zwillingstürme ragen ganz in der Nähe des Port Olìmpic auf, einem Sporthafen mit achthundert Liegeplätzen und unzähligen Restaurants, Geschäften und an Wochenenden sehr belebten Flanierwegen. Die Restaurants servieren guten Fisch und Meeresfrüchte direkt am Meer und bei entsprechenden Temperaturen auch im Winter auf ihren sonnenverwöhnten Terrassen. Diskotheken und vor allem im Sommer gut besuchte Bars vervollständigen das Angebot. Hauptachse des gesamten Areals ist eine breite Uferpromenade, die Avinguda del Litoral. Im Port Olìmpic liegen zahlreiche kleine Freizeityachten, da die großen luxuriösen Schiffe im Hafen der Barceloneta ankern.

Strand La Barceloneta (oben) ▸

Port Olìmpic (unten)

Strand La Barceloneta ▸▸

Der Modernisme

Die große Bedeutung seines modernistischen Legats hat Barcelona einen wichtigen Platz auf der Liste der europäischen Kunststädte verschafft. Dieser im ausgehenden 19. Jh. und in den ersten Jahren des 20. Jh. in ganz Europa in unterschiedlichen Ausformungen verbreitete Kunststil wird als bedeutendste ästhetische Manifestation der Stadt betrachtet. Besucher aus aller Welt strömen hier zusammen, um die Werke von Gaudí, Puig i Cadafalch und anderen berühmten Architekten zu sehen. Der neue Stil der Jahrhundertwende erfreute sich in Barcelona so großer Beliebtheit, dass an fast jedem Bauwerk, Geschäft und sogar am urbanen Mobiliar Spuren von ihm anzutreffen sind.

Casa Amatller und Casa Batlló ▸

IHS

Temple Expiatori de la Sagrada Familia

Die hohen Türme des in seiner Art einmaligen Sühnetempels der Heiligen Familie sind von allen erhöhten Punkten der Stadt aus zu sehen. Die nähere Umgebung des Gotteshauses ist stets mit Reisebussen angefüllt, die täglich Hunderte Touristen transportieren. Der ständige Besucherstrom hat die Physiognomie der Gegend dahingehend verändert, dass sich inzwischen zahlreiche Restaurants, Bars und vor allem Souvenirläden dort angesiedelt haben.

Der von Francisco de Paula del Villar begonnene Bau ging 1883 an Gaudí über, der schon bald die ursprünglichen Pläne im neogotischen Stil zugunsten der Silhouette abänderte, die dieses Wunderwerk des Modernisme prägt. Es ist nicht ganz geklärt, wie Gaudí zu dem Auftrag kam. Einigen Autoren zufolge war der Bauherr der Sagrada Familia, Josep Maria Bocabella, mit den Plänen von Villar nicht zufrieden und entschied, einen neuen Architekten zu suchen. Josep Pla schreibt in seinem Porträt Gaudís, dass ein Verwandter von Bocabella im Traum gesehen hätte, ein blauäugiger Mann würde den Bau beenden und Antoni Gaudí nur aufgrund dieses Merkmals ausgewählt wurde.

Kurze Zeit, nachdem er den Auftrag übernommen hatte, zog Gaudí in die Sagrada Familia um. Er richtete sich in einem kleinen Studio ein, das keinerlei Luxus oder Annehmlichkeiten aufwies und vollgestopft war mit Plänen, Entwürfen und Modellen des Projekts, das ihn vereinnahmte. Seine Bekannten verglichen ihn mit einem Mönch oder Einsiedler, der sich dem Werke Gottes verschrieben hat. Und sie hatten Recht damit. Obwohl er ursprünglich mit einer Bauzeit von zehn Jahren gerechnet hatte, wusste er bei seinem Tod 1926, dass ihn die Arbeiten noch lange überdauern würden. Zu jenem Zeitpunkt waren erst die Krypta fertig, in der er beigesetzt ist, sowie der erste Turm und die Fassade der Geburt Christi. Diese auf den Platz gehende Fassade weist eine elegante naturalistische Dekoration auf. Ihre vier Türme flankieren drei Türen, die dem Glauben, der Hoffnung und der Liebe gewidmet sind. Die Tür des Glaubens zeigt das Anagramm des Hl. Josefs und biblische Szenen der Visitation Marias. Die Tür der Hoffnung dreht sich um Maria und zeigt Szenen der Heiligen Familie. Das Thema der in der Mitte befindlichen Tür der Liebe ist Jesus mit dem Baum Jesse.

Nach dem Tod des Architekten setzten seine nächsten Mitarbeiter das Werk fort. Dabei traten jedoch Schwierigkeiten auf, da Gaudí zumeist nicht nach einem fest vorgefassten Plan vorging und vieles während des Fortschreitens

Das Innere des Gotteshauses (oben) ▲
Fialen der Sagrada Familia (unten)
Die Sagrada Familia. Fassade der Geburt Jesu ▶

der Arbeiten improvisierte. Es wurde überlegt, den Bau wie viele andere seiner Werke unvollendet zu lassen. Schließlich einigte man sich, die bereits vorhandene Bausubstanz als Modell zu verwenden. Hinzu kamen von Gaudí hinterlassene Matrizen und seinen Schülern mündlich mitgeteilte Ideen. Die Entscheidung war jedoch immer umstritten. Die Debatte ist vor allem seit der Fertigstellung der Fassade der Passion Christi mit einer Skulpturengruppe von Josep Maria Subirachs neu entfacht, deren Stil sich grundlegend von dem der Weihnachtsfassade unterscheidet. Die Zukunft wird noch viele neue Herausforderungen mit sich bringen, so zum Beispiel, wenn es zur Ausführung der südlichen Fassade der Glorie kommt. Vor ihr sah Gaudí eine riesige Freitreppe vor, die den Abriss der in den 1980er Jahren erbauten, ihr gegenüber liegenden Wohnhäuser erfordern würde.

Das ursprüngliche Projekt umfasste drei Fassaden, bekrönt von je vier 107 Meter hohen Türmen mit parabolischem Profil, die die tiefe Symbolik des Werks Gaudís zum Ausdruck bringen. Die Spindelform dieser Glockentürme erinnert an die Spinnerinnen der Schicksalsfäden des Lebens und des Todes. Die zwölf mit farbig glasierten Keramikelementen verzierten Türme symbolisieren die zwölf Apostel. Über ihnen sollte als Abschluss des Mittelschiffs ein noch höherer Turm aufragen, der Christus darstellt, wie er seinen Schülern predigt.

Im Museum werden zahlreiche Originalpläne, Modelle, Entwürfe, Skizzen etc. gezeigt, die dabei helfen, die Geschichte des Tempels zu verstehen. Als letztes sei bemerkt, dass zwei der Türme an der Fassade der Geburt mit Liften ausgestattet wurden, um bis auf die Spitze gelangen zu können. Ein einzigartiges Erlebnis (wenn kein zu starker Wind weht), denn man genießt von dort oben schöne Ausblicke über weite Teile der Stadt.

Park Güell

Der Mäzen Gaudís, Eusebi Güell, beauftragte seinen Schützling mit dem Bau einer Gartenstadt, in der sich das katalanische Bürgertum ergehen konnte. Zu diesem Zweck stiftete er eine seiner Besitzungen an den Hängen des Mont Carmel. Der Architekt begann umgehend mit der Arbeit. Die gut situierten Bürger Barcelonas zeigten jedoch wenig Interesse an der neuen Stadt, weshalb das Projekt einge-

Die Sagrada Familia von der Avinguda Gaudí aus ▸

4

stellt wurde, nachdem erst zwei Wohnhäuser fertiggestellt waren (in einem davon wohnte Gaudí bis zu seinem Umzug in die Sagrada Familia).

Trotz des Misserfolgs des Projekts diente der Park Güell dem Architekten als Versuchsfeld für einige Formen und technische Lösungen, die er später bei anderen Werken verwendete. Am Eingang führt eine doppelte Freitreppe zur Sala Hipóstila oder Saal der Hundert Säulen. Vorher sollte man erst noch den wundervollen Salamander aus *Trencadís* (Fliesenstückchen) bewundern, der die Treppe ziert und Wasser in ein Becken speit. Der Saal sollte der Gartenstadt als Markthalle dienen. Technisch meisterhaft gelöst, sind viele der Säulen, die die mit glasierten Keramikrosetten verzierte Decke tragen, schräg angeordnet. Gleichzeitig bildet die Deckenkonstruktion das Pflaster des darüber liegenden runden Platzes, von dem aus man einen schönen Blick auf die Stadt hat. Diese großartige Kulisse wollte Gaudí für eine Art Freilichttheater der neu gegründeten Kolonie nutzen, doch wurde schließlich nur ein Platz mit einer Keramikbank daraus.

Park Güell. Hauptplatz und wellenförmige Bank ▲

Drache im Park Güell ▶

Mehrere Spazierwege führen quer durch den Park, vorbei an der perfekt mit der Natur harmonierenden Architektur. Nichts fällt störend ins Auge und bildet gut in die Landschaft integriert ein stimmiges Ganzes. An der höchsten Stelle des Parks stößt der Besucher auf einen Kreuzberg, der daran erinnert, dass Gaudí an dieser Stelle eine Kirche geplant hatte. In seinem Wohnhaus wurde vom Verein der Freunde Gaudís ein Museum eingerichtet, das das von ihm entworfenes Mobiliar sowie einige persönliche Gegenstände und mehrere Objekte seiner engsten Mitarbeiter zeigt.

Es mag verwundern, dass eine so bedeutende Persönlichkeit nur so wenig hinterlassen haben soll. Das ist darauf zurückzuführen, dass der gesamte Nachlass, der sich in seiner Wohnung im Park Güell befand, zwei Wochen nach seinem Tod von Karmeliternonnen an einen Altwarenhändler verkauft wurde. So verschwanden für immer seine Briefe, Manuskripte, Pläne und Bücher (er verfügte über eine interessante technische Bibliothek) sowie seine persönlichen Dokumente etc.

Park Güell ▲

Detailansicht des Portikus der Wäscherin ▸

Eingang des Parks ▸▸

Casa Milà

Ein Gang durch den Stadtteil Eixample, insbesondere über den Passeig de Gràcia und seine Seitenstraßen, führt zu den besten Beispielen der modernistischen Wohnarchitektur Barcelonas. Dort ließen sich die eleganten Großbürger des *fin de siècle* im Stil der Zeit und von den Architekten des Augenblicks repräsentative Wohnhäuser errichten. Lluís Domènech i Montaner entwarf Casa Lleó Morera und den früheren Firmensitz des Verlags Montaner y Simón, der heute die Fundació Tàpies mit dem Werk des großen zeitgenössischen katalanischen Künstlers beherbergt. Im meisterlichen neugotischen Stil erschuf Josep Puig i Cadafalch unter anderem die Casa de les Punxes und die Casa Amatller, während der geniale Antoni Gaudí sein unnachahmliches Können in Casa Milà und Casa Batlló unter Beweis stellte.

Casa Milà war als Wohnhaus von der gleichnamigen Familie in Auftrag gegeben worden und ist eines der

Park Güell. Wellenförmige Bank (S. 76-77)

Casa Milà. Kamine ▲

Casa Milà. Innentreppe ▸

Casa Milà. Treppengeländer und Innenhof ▸▸

herausragendsten Werke des katalanischen Architekten. Der Bau nimmt ein Eckgrundstück ein und ruft durch seine Perspektive einen nicht zutreffenden schief abfallenden Eindruck hervor. Die Begeisterung der heutigen Besucher ist in etwa umgekehrt proportional zum Entsetzen der damaligen Bürger Barcelonas, die dem Gebäude den Spitznamen „La Pedrera" (Steinbruch) gaben. Die schräge Fassade vermittelt den Eindruck von Bewegung, von steinernen Wellen, die die Starrheit der umgebenden Gebäude durchbrechen und die typische Form der rechtwinkligen Ecke abschwächen.

Gaudí schuf das Etagenhaus als eine Art großen Sockel für eine Skulpturengruppe zu Ehren der Jungfrau Maria. Das Vorhaben missfiel dem Eigentümer Milà jedoch. Einigen Biographen zufolge war Gaudí so erbost darüber, dass sein Freund ihm die Einwilligung zu der Figurengruppe verwehrte, dass er nie wieder ein Wort mit ihm wechselte. Doch trotz des fehlenden Schmucks weisen die avantgardistischen Linien schon klar den Weg zu seinem architektonischen Meisterwerk, der Sagrada Familia. Gaudí baute nach Casa Milà nie wieder

Ein Balkon der Casa Milà ▲

La Pedrera oder Casa Milà ▶

OCTUBRE
27

ein Wohnhaus und richtete seine gesamte Schaffenskraft auf das Gotteshaus der Sagrada Familia.

Von den besonderen Merkmalen der Casa Milà sei auf die gebogene Linie der Fassade hingewiesen, durch die Gaudí die beiden Querstraßen miteinander verband. Die Innenhöfe sind wie große Türme gestaltet und der geometrische Grundriss, der im Eixample so sehr in Mode war, wurde durch eine abgerundete Form ersetzt, die sich in dem Maße erweitert, wie das Gebäude an Höhe gewinnt. Durch diesen Kunstgriff erreichte er eine gute Ausleuchtung aller Stockwerke bis nach ganz unten sowie die Möglichkeit einer guten Belüftung der Wohnungen nur über die inneren Fenster. Das Gebäude ist mit großen Belüftungsrohren und Kaminen versehen, die auf der Dachterrasse unter großen Keramikstrukturen mit in sich gedrehten Taukreuzen oder unter helmartigen Gebilden verborgen sind. Die Fassade mit gusseisernen Balkongeländern bekrönt ein wellenartiges Schmuckelement aus weißen Kacheln.

Der „Zankapfel"

Nicht weit von La Pedrera befinden sich ebenfalls auf dem Passeig de Gràcia drei Gebäude, die veranschaulichen, wie unterschiedlich die katalanischen Architekten den modernistischen Stil auslegten. Das Ensemble erhielt schon in der Entstehungszeit den Beinamen „Zankapfel", der auf die miteinander rivalisierenden und stark kontrastierenden Stilrichtungen anspielte, die den drei Bauten zugrunde liegen.

An der Ecke zum Carrer Consell de Cent befindet sich die Casa Lleó Morera, die 1901 den städtischen Architekturpreis erhielt. Am Werk des Architekten Lluís Domènech i Montaner (1850-1923), einem der wichtigsten Vertreter des Modernisme, herrscht eine Dekoration mit pflanzlichen Motiven vor. Etwas weiter oben befindet sich die Casa Amatller von Josep Puig i Cadafalch (1867-1956), der als erster modernistischer Architekt betrachtet wird. Der Bau in rein neugotischem Stil besitzt eine Treppe mit schönem gläsernem Kuppeldach. Direkt daneben liegt die Casa Batlló (1907), eins der besten Beispiele der sehr persönlichen Umsetzung des Modernisme durch den berühmten Antoni Gaudí, der hier seiner Fantasie freien Lauf ließ. Besonders bemerkenswert ist das Dach, das einen mittelalterlichen Drachen nachahmt. An der Fassade fallen die Geländer ins Auge, die – ganz nach Wunsch des Betrachters – wie Masken oder mittelalterliche Helme aus-

Casa Lleó Morera. Detailansicht (oben) ▲

Casa Batlló (unten)

Casa Amatller ▸▸

sehen. Die großen Fenster des Untergeschosses besitzen eine ovale Form, die an die Macht des biblischen Schöpfers erinnern oder auch an das kosmische Ei, das in vielen Kulturen als Anfang und Ende des Lebens angesehen wird. Trotz allem überrascht die Tatsache, dass die Fenster mit Säulen verziert sind, die die Form von menschlichen Schienbeinknochen besitzen, also auf das Mineral Kalzium anspielen, das das Leben auf der Erde möglich macht.

Gaudí baute das Haus für den reichen Textilfabrikanten Josep Batlló, der dem Architekten freie Hand ließ. Dieser nutzte die Gelegenheit, nach eigenem Gutdünken vorzugehen, nachdem er oft genug durch die ästhetischen Vorgaben der Auftraggeber eingeengt gewesen war.

Wenn schon die Fassade überrascht, so lässt einen das Innere kaum unberührt. Man betritt ein überwölbtes, mit bunten Kacheln dekoriertes Vestibül, das eine wundervolle Holztreppe mit einem Geländer freigibt, das wie das Rückgrat des Riesendrachens oder Dinosauriers aussieht, der das Dach abschließt. Auch die Türen weisen die klassischen Linien der Architektur Gaudís auf. Die Belle Etage, in der die Familie Batlló residierte, besitzt einen gekachelten Kamin mit Sitzgelegenheiten, der zu einem Schwatz in der Wärme des Ofens einlädt. Die Dekoration des Kamins setzt sich in der restlichen Zimmerdecke fort. Die großen Fensteröffnungen in der Fassade zeigen im Innern Bögen und Säulen, die geschwungene Gewölbe tragen. An einigen Stellen nehmen diese eine spiralförmige Gestalt an, als ob das bereits erwähnte kosmische Ei den Betrachter zur Milchstraße und ihrer Spiralform überleiten wolle.

Palau de la Música Catalana

Der Bau nimmt die Stelle des früheren Klosters San Francisco de Paula ein. Er wurde 1908 von Domènech i Montaner als Sitz des vier Jahre zuvor von Lluís Millet gegründeten Orfeó Català errichtet und besticht durch seine üppige Dekoration mit Keramikelementen, Metallapplikationen und Skulpturen.

Das in eine enge Strasse eingekeilte Bauwerk gestaltet sich um seinen Innenraum herum, doch fehlt es an Platz, um die bewegte Komposition der Fassade würdigen zu

Casa Batlló. Detailansicht (oben) ▸

Balkone der Casa Batlló (unten)

Casa Batlló ▸▸

können. Ihre Ziersäulen scheinen in die Straße hineinzuragen, um ihre Enge auszugleichen und auch von der Seite visuelle Akzente zu setzen. Aufgrund seiner Linien und Symbolik ist der Bau eines der wichtigsten Beispiele des katalanischen Modernisme. Für Musikliebhaber ist er nach dem Liceu die nächst wichtige Adresse. Die 1989 von Óscar Tusquets und Carlos Díaz ausgeführten kostspieligen Aus- und Umbauarbeiten haben seine Akustik und Ausstattung so stark verbessert, dass Musikbegeisterte sagen, im Palau klinge Musik wirklich wie Musik in den Ohren.

Zwei Elemente im Innern verdienen eine besondere Erwähnung: der Treppenaufgang und der Konzertsaal selbst. Die Treppe besitzt hohe, frei stehende Säulen mit wundervollen Kapitellen, die sie von einem gläsernen Hintergrund abheben. In dem von einem herrlichen Glasdach überkuppelten Konzertsaal dominiert eine große Orgel. Die Bühne ist mit Figuren von Eusebi Arnau dekoriert, deren Körper flach aus Mosaiksteinen gearbeitet sind, die Büsten jedoch plastisch hervortreten. Viele Fachleute halten den Palau de la Música Catalana für eines der vortrefflichsten Werke der katalanischen Kunst.

Palau de la Música Catalana. Detailansicht des Konzertsaals (oben) ▲

Mosaik an einer der Säulen (unten)

Palau de la Música Catalana. Konzertsaal ▸

Der Montjuïc

Im Süden der Stadt erhebt sich dicht am Meer der Hausberg der Stadt, dessen Name sich von *Mons Judaicus* oder Judenberg ableitet, wie die in der Gegend entdeckten hebräischen Gräber zu beweisen scheinen. Zur Römerzeit krönte ihn ein Jupitertempel. Viele der Hauptschauplätze der Internationalen Ausstellung 1929 und der Olympischen Spiele 1992 befanden sich an den Berghängen und hinterließen dort mehrere große Infrastrukturen. Trotzdem ist die Gegend eine besonders ruhige Grünzone der Stadt.

Annella Olímpica ▸

Die Weltausstellung von 1929

Von der Plaça de Espanya aus führt die breite Avinguda de la Reina Maria Cristina den Hang hinauf. Sie war die Hauptachse des Geländes der Weltausstellung von 1929. Auf beiden Seiten reihen sich die früheren Pavillons aneinander, die heute unterschiedlich genutzt werden. Einige der Bauten sind heute Teil der Fira Internacional de Barcelona, andere werden für Kulturzwecke genutzt. So bietet etwa das kürzlich eröffnete CaixaForum ein abwechslungsreiches Kulturprogramm im Rahmen der alten Mauern von dem Architekten Puig i Cadafalch. Am Ende des Boulevards ist die Font Màgica zu sehen, die ein schönes nächtliches Schauspiel bietet. Der Springbrunnen ist dem Elektroingenieur Carlos Buigas zu verdanken, der 1926 zum Chef der Abteilung Wasserspiele und Schaubeleuchtung ernannt wurde und die Weltausstellung mit Brunnen und Kaskaden ausstatten sollte. Sein „Zauberbrunnen" verfügt über unzählige Fontänen, die zum Rhythmus der Musik Form und Farbe wechseln. Als

Pavillon Mies van der Rohe ▲
CaixaForum ▸
Palau Nacional ▸▸

Kulisse dient der Palau Nacional, das eindrucksvollste Gebäude der Weltausstellung, in dem das Museu Nacional d'Art de Catalunya mit interessantem Fundus aus dem 9.-18. Jh. sowie der Sammlung Cambó mit Renaissance- und Barockkunst untergebracht ist.

Das interessanteste Bauwerk der Weltausstellung ist jedoch wohl der deutsche Pavillon, der von dem Architekten Mies van der Rohe (1886-1969) mit einem völlig neu interpretierten Raumkonzept entworfen wurde. Der Bau erhebt sich auf einem klassischen Podest, das es mit einem geschlossenen rechteckigen Umriss umschließt. Die davor liegende Wasserfläche bildet eine optische Einheit mit dem Hauptbau.

Ebenfalls der Weltausstellung von 1929 zu verdanken ist das originelle Poble Espanyol (Spanisches Dorf), eine Art Freilichtmuseum, das die verschiedenen Stile der spanischen Volksarchitektur zeigt. Der 1989 restaurierte Komplex wartet mit Restaurants, Bars, Diskotheken und weiteren Freizeitangeboten auf. Früher zeigten traditionelle Handwerker auf den Straßen und Plätzen des Dorfes den Besuchern ihr Handwerk (Glasbläser, Drehorgelspieler etc.).

Der Annella Olímpica

Weiter den Hang hinauf gibt es für den Besucher viel zu sehen. Exquisite Gärten mit den Namen der großen katalanischen Dichter wie Joan Maragall oder Jacint Verdaguer, Aussichtspunkte, die atemberaubende Blicke auf die Stadt bieten, und ein unerwartet auftauchendes Highlight: die Fundació Miró mit einer ständigen Ausstellung der Werke des Künstler und seiner Zeitgenossen sowie wechselnden temporären Ausstellungen.

Wer sich für Sportarchitektur interessiert, sollte einen Besuch der Einrichtungen des Olympischen Rings erwägen. Dort fanden die meisten Wettkämpfe der Olympiade 1992 statt. Besonders hervorzuheben ist das bereits 1928 von Pedro Domènech erbaute Stadion mit Statuen des Bildhauers Pablo Gargallo. Es wurde für eine Volksolympiade errichtet, doch brach am Tag vor ihrem Beginn am 19. Juli 1936 der Bürgerkrieg aus. Der Palau Sant Jordi ist der spektakulärste Bau des Annella Olímpica und dem japanischen Architekten Arata Isozaki zu verdanken. Die glasierten Dachziegel der

Poble Espanyol (oben) ▸

Detailansicht der Annella Olímpica (unten)

Olympiastadion ▸▸

beeindruckenden Kuppel werden von einem Metallnetz gehalten.

Detailansicht der Schutzwehr der Burg (links) ▲
Mirador del Alcalde (rechts)
Eingang der Burg von Montjuïc ▶

Die Burg von Montjuïc

Die Festung auf der Bergkuppe geht auf das 10. Jh. zurück, als dort ein Signalturm für die Seefahrt stand. 1640 wurde sie während des Kriegs mit Phillip IV. befestigt. Im Jahr 1705 ging sie an Phillip V. über, wurde jedoch von Erzherzog Karl von Habsburg zurückerobert. Die napoleonischen Truppen besetzten die Burg 1808 und General Espartero beschoss von dort aus 1842 die Stadt. Ein Tor mit Fallgatter führt in das unregelmäßig fünfeckige Gemäuer mit einem sehenswerten Arkadenplatz, Zisternen und Wachturm. Lange Zeit wurde die Burg als Militärgefängnis genutzt. In ihren Gelassen wurden zahlreiche Freiheitskämpfer hingerichtet.

Ein Besuch auf dem Friedhof von Montjuïc

Die Empfehlung mag manchen befremdlich erscheinen, doch birgt der Friedhof von Montjuïc eindrückliche Kunstwerke. Das 1883 eingeweihte Gräberfeld verbindet die Monumentalität italienischer Kirchhöfe mit der Funktionalität der Waldfriedhöfe in Amerika.

Das Werk des Ingenieurs Leandro Albareda zieren interessante skulpturen des frühen 20. Jh. Außerdem hat man einen guten Blick auf das Industriegebiet und den Hafen. Früher war der Friedhof in einen katholischen, einen freien, einen protestantischen und einen Ungeborenenbereich aufgeteilt. Die Gräber des freien Bereichs befinden sich außerhalb der Mauern und sind Atheisten und Revolutionären vorbehalten, die laut Gesetz nicht in geweihter Erde beigesetzt werden durften.

Der frühere Steinbruch und Massengrab zahlreicher Kriegsgefangener Fossar de la Pedrera wurde 1986 in eine Gedenkstätte umgewandelt. Dort befindet sich das Mausoleum des 1940 erschossenen Präsidenten Lluís Company, der von der Gestapo in Frankreich gestellt und an die Franco-Regierung übergeben worden war.

Die Provinz Barcelona

Hinter den letzten Ausläufern der reizvollen Stadt Barcelona beginnt das ländliche Katalonien mit großen Klosteranlagen und alten Städten voller Charme, mit sonnenverwöhnten Mittelmeerstränden und wildromantischen Landschaften, in denen die wohlhabenden katalanischen Großbürger ihre noblen Landhäuser errichteten. Man muss nicht weit vor die Tore der Stadt hinaus fahren, um einige der schönsten Ecken der Provinz Barcelona zu entdecken.

Parc Natural de la Muntanya de Montserrat. Wallfahrtskirche Santa Cecilia ▸

Kloster Montserrat

Isoliert von den restlichen Gebirgsformationen bietet der Berg Montserrat eine einzigartige Silhouette in Form einer Säge, die ihm auch seinen Namen Montserrat („gesägter Berg") eingebracht hat. Der Bergkamm erstreckt sich auf 1.235 Metern Höhe über eine Länge von 10 km.

Die Geschichte des Klosters geht wahrscheinlich bis ins 4. Jh. zurück. Ein Mönch namens Quirico soll der Sage nach in der Stadt Monistrol einen Wallfahrtsort zu Ehren der Jungfrau Maria eingerichtet haben. Während der Invasion der Sarazenen versteckten die Mönche die Statue, die bis Ende des 9. Jh. verschwunden blieb. Zu jener Zeit errichteten die Mönche von Monistrol ihr eine Kapelle, die Wifred der Behaarte in ein Benediktinerinnenkloster umwandelte. Viel später ersetzte Graf Borrell von Barcelona aus Angst vor den Überfällen der Araber in der Gegend die Nonnen durch Mönche. Das heutige Kloster geht jedoch auf eine Gründung des Abtes Oliba im Jahr 1027 zurück.

Die Jungfrau von Montserrat ▲

Berg und Kloster von Montserrat ▶

Die ursprünglich romanische Kirche wurde im 16. Jh. im gotischen Stil vergrößert und umgestaltet. Das einschiffige Gotteshaus ist mit Seitenkapellen ausgestattet. Die dort angebetete Madonna ist mit einem goldenen Mantel, Untertunika und farbigem Schleier bekleidet und trägt eine Krone. Ihr goldbemalter Holzthron ermöglicht es der Jungfrau, ihre Füße auf ein Kissen zu stützen. Ihre rechte Hand ist erhoben, während die linke eine Kugel hält, die das Weltenrund symbolisiert. Die Figur aus dem 12. Jh. gilt als eines der schönsten Stücke der katalanischen Romanik.

Sant Cugat del Vallès

An den nordwestlichen Hängen der Serra de Collcerola oder Tibidabo erstreckt sich dieser Ort, der zu einem Nobelvorort für Wohlsituierte geworden ist. Der alte Stadtkern weist einige alte Häuser im Modernisme-Stil auf. Besonders hervorzuheben ist das Kloster Sant Cugat, das

Kloster Sant Cugat del Vallès ▲

Hauptfassade des Klosters ▶

Einer der Zugänge zum Klostergelände ▶▶

die Stelle des römischen Castrum Octavianum einnimmt. Die dreischiffige Kirche ist romanischen Ursprungs, wurde jedoch mit gotischen Elementen abgeschlossen. Der Kreuzgang ist ein schönes Beispiel der katalanischen Romanik (12. Jh.) und besitzt reich dekorierte Kapitelle. Im Innern sind mehrere Renaissance- und Barockretabel zu sehen. Der Kapitelsaal beherbergt einen gotischen Altaraufsatz (14. Jh.), der Pedro Serra zugeschrieben wird.

Terrassa

Das alte Egara der Römer hat nach wie vor viel Sehenswertes zu bieten. Hervorzuheben ist das romanisch-westgotische Kirchenensemble. Eine der Kirchen ist der frühere Bischofssitz Santa Maria mit einem Grundriss in der Form eines lateinischen Kreuzes, einer Apsis und ausgemaltem Gewölbe. Das Langhaus, die Kuppel und der zweifach gegliederte Glockenturm stammen aus einer im 12. Jh. ausgeführten romanischen Bauphase.

Die Kirche Sant Miquel verfügt über mehrere Seitenkapellen, eine Apsis, eine Taufkapelle und eine Sant Celoni geweihte Krypta. Die ursprüngliche Pfarrkirche des alten Egara, Sant Pere de Terrassa, weist ein kleeblattförmiges

Terrassa. Hauptplatz des Ortes (oben) ▲

Terrassa. Markthalle des Mercat de l'Independencia (unten)

Rathaus von Terrassa ▶

CASA CONSISTORIAL

Kopfende und Reste eines mittelalterlichen Mosaiks auf. In der Kirche Sant Esperit (16. Jh.) ist eine wundervolle Skulpturengruppe aus der Renaissance zu sehen.

In der Burg und Kartause von Vallparadis ist das Gemeindliche Kunstmuseum untergebracht, in dem eine romanische Holzplastik, die Verge de Sant Cugat, aus dem 15. Jh. und verschiedene vorchristliche und westgotische Reste zu sehen sind. Der Konvent Sant Francesc besticht durch eine Kirche mit Gotik- und Renaissance elementen und einen Kreuzgang aus dem 18. Jh.

Sitges

Die herrlichen Strände, das Nachtleben und das umfangreiche Kulturangebot der Stadt sind immer einen Besuch wert, ebenso wie die modernistisch inspirierte Altstadt, die vielen Aristokraten als Sommerfrische diente. Bemerkenswert ist das modernistisch-historisierende Gebäude Maricel de

Ansicht von Sitges ▲

Strand von Sitges ▶

Sitges. Kirche Sant Bartomeu i Santa Tecla ▶▶

Mar, aus dem ersten Drittel des 20. Jh. Es beherbergt die Sammlung Pérez Rosales mit Gemälden, Retabeln, Skulpturen, Keramiken, Mobiliar und Musikinstrumenten. Cau Ferrat wurde auf Betreiben des Malers Santiago Rusiñol aus zwei Wohnhäusern des 16. Jh. zusammengesetzt. Die gotischen Fenster und Türen wurden nachträglich eingebaut. Viele Jahre lang war es Treffpunkt von Künstlern und Intellektuellen, heute werden dort Bilder von Rusiñol, El Greco, Casas, Utrillo, Zuloaga etc. sowie einige Zeichnungen von Picasso und zahlreiche Schmiedeeisenobjekte ausgestellt. Die dreischiffige Kirche Sant Bartomeu i Santa Tecla (17. Jh.) besitzt ein Kreuzrippengewölbe, mehrere Retabel ein Beinhaus und eine Orgel aus dem 17. Jh. Die klassizistische Kapelle von Vinyet mit Glockenturm von 1872 birgt eine Plastik aus dem 12. Jh. Das neugotische Rathaus erhebt sich an der Stelle der früheren Burg.

Sitges. Casa Bartomeu Carbonell, Hauptplatz des Ortes ▲

Sitges. Der „Racò de la calma" und das Museu Maricel de Mar ▸

MUSEU

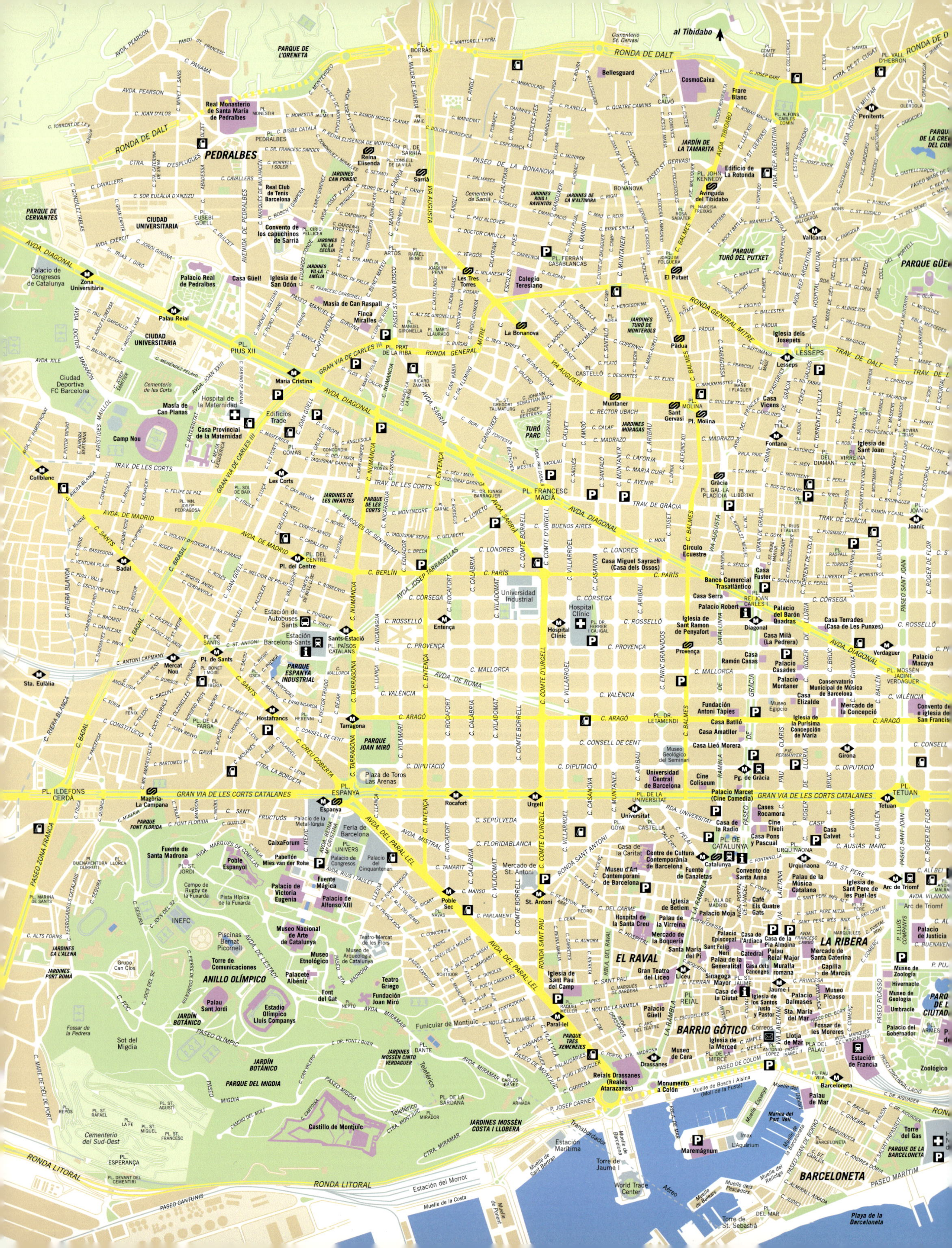

al Tibidabo
RONDA DE DALT
Cementerio St. Gervasi
PARQUE DE L'ORENETA
Real Monasterio de Santa María de Pedralbes
PEDRALBES
Bellesguard
CosmoCaixa
Frare Blanc
Penitents
JARDÍN DE LA TAMARITA
Edificio de La Rotonda
Avinguda del Tibidabo
PL. JOHN KENNEDY
Reina Elisenda
Sarrià
JARDINES CAN PONSIC
Real Club de Tenis Barcelona
PARQUE DE CERVANTES
CIUDAD UNIVERSITARIA
Convento de los capuchinos de Sarrià
Cementerio de Sarrià
PASEO DE LA BONANOVA
JARDINES ROIG I RAVENTÓS
JARDINES DE CA N'ALTIMIRA
BONANOVA
Vallcarca
PARQUE TURÓ DEL PUTXET
PARQUE GÜELL
AVDA. DIAGONAL
Palacio de Congresos de Catalunya
Zona Universitària
Palacio Real de Pedralbes
Casa Güell
Iglesia de San Odón
Les Tres Torres
Colegio Teresiano
El Putxet
RONDA GENERAL MITRE
Masía de Can Raspall
Finca Miralles
Palau Reial
La Bonanova
JARDINES TURÓ DE MONTEROLS
Pàdua
Iglesia dels Josepets
Lesseps
TRAV. DE DALT
CIUDAD UNIVERSITARIA
PL. PIUS XII
GRAN VÍA DE CARLES III
PL. PRAT DE LA RIBA
RONDA GENERAL
VÍA AUGUSTA
Ciudad Deportiva FC Barcelona
Cementerio de les Corts
Maria Cristina
Masía de Can Planas
Hospital de la Maternidad
Edificios Trade
Muntaner
Sant Gervasi
Pl. Molina
Casa Vicens
Fontana
Camp Nou
Casa Provincial de la Maternidad
TURÓ PARC
JARDINES MORAGAS
Iglesia de Sant Joan
Collblanc
TRAV. DE LES CORTS
Les Corts
PL. FRANCESC MACIÀ
Gràcia
JARDINES DE LES INFANTES
PARQUE DE LES CORTS
TRAV. DE GRÀCIA
Joanic
AVDA. DE MADRID
Pl. del Centre
C. BERLÍN
C. PARÍS
C. LONDRES
Casa Miguel Sayrach (Casa dels Ossos)
Círculo Ecuestre
Banco Comercial Trasatlántico
Casa Fuster
Badal
Estación de Autobuses Sants
Universidad Industrial
Hospital Clínic
Casa Serra
Palacio Robert
Palacio del Barón Quadras
Casa Terrades (Casa de Les Punxes)
Entença
Iglesia de Sant Ramon de Penyafort
Diagonal
Casa Milà (La Pedrera)
Estación Barcelona-Sants
Sants-Estació
PL. PAÏSOS CATALANS
Verdaguer
Palacio Macaya
Mercat Nou
Pl. de Sants
PARQUE ESPANYA INDUSTRIAL
AVDA. DE ROMA
C. MALLORCA
C. PROVENÇA
C. ROSSELLÓ
C. CÒRSEGA
Provença
Casa Ramón Casas
Palacio Casades
Palacio Montaner
Conservatorio Municipal de Música de Barcelona
Sta. Eulàlia
Hostafrancs
Tarragona
C. ARAGÓ
C. VALÈNCIA
PL. DE LETAMENDI
Fundación Antoni Tàpies
Museo Egipcio
Casa Elizalde
Mercado de la Concepció
Convento de e iglesia de San Francisco
Casa Batlló
Casa Amatller
Casa Lleó Morera
Iglesia de la Purísima Concepción de María
PARQUE JOAN MIRÓ
C. CONSELL DE CENT
Museo Geológico del Seminario
Girona
Plaza de Toros Las Arenas
C. DIPUTACIÓ
Universidad Central de Barcelona
Cine Coliseum
Pg. de Gràcia
PL. ILDEFONS CERDÀ
Magòria-La Campana
GRAN VIA DE LES CORTS CATALANES
PL. ESPANYA
Espanya
Rocafort
Urgell
Universitat
Palacio Marcet (Cine Comedia)
Tetuan
PARQUE FONT FLORIDA
Feria de Barcelona
Cases Rocamora
Cine Tivoli
Casa Pons y Pascual
Casa Calvet
Fuente de Santa Madrona
CaixaForum
Pabellón Mies van der Rohe
Poble Espanyol
Palacio de Congresos
Palacio del Cinquantenari
Mercado de St. Antoni
Casa de la Caritat
Centre de Cultura Contemporània de Barcelona
Museu d'Art Contemporani de Barcelona
Catalunya
Casa de la Radio
Fuente de Canaletas
Convento de Santa Anna
Urquinaona
Palau de la Música Catalana
Iglesia de Sant Pere de les Puel·les
Arc de Triomf
Palacio de Victoria Eugenia
Fuente Mágica
Palacio de Alfonso XIII
Poble Sec
St. Antoni
Campo de Rugby de la Fuxarda
Pista Hípica de la Fuxarda
INEFC
Iglesia de Betlem
Palacio Moja
Café Els Quatre Gats
Hospital de la Santa Creu
Palau de la Virreina
Mercado de la Boqueria
Piscinas Bernat Picornell
Museo Nacional de Arte de Catalunya
Teatro-Mercat de les Flors
Museo de Arqueología de Catalunya
Museo Etnológico
Palacio Episcopal
Casa de l'Ardiaca
Sant Felip Neri
Catedral
Palau Reial Major
Mercado de Santa Caterina
LA RIBERA
Palacio de Justicia
JARDINES DE CA L'ALENA
JARDINES PORT ROMÀ
Grupo Can Clos
Torre de Comunicaciones
ANILLO OLÍMPICO
Palacete Albéniz
Teatro Griego
EL RAVAL
Santa María del Pi
Gran Teatro del Liceo
Palau de la Generalitat
Casa dels Canonges
Muralla romana
Capilla de Marcús
Museo de Zoología
Hivernacle
Museo de Geología
Umbracle
PARQUE DE LA CIUTADELLA
Palau Sant Jordi
Estadio Olímpico Lluís Companys
Font del Gat
Fundación Joan Miró
Iglesia de Sant Pau del Camp
Liceu
Sinagoga Mayor
Casa de la Ciutat
Jaume I
Iglesia de los Santos Justo y Pastor
Palacio Dalmases
Museo Picasso
Sta. María del Mar
JARDÍN BOTÁNICO
PASEO OLÍMPIC
Fossar de la Pedrera
Sot del Migdia
Funicular de Montjuïc
Paral·lel
Palacio Güell
BARRIO GÓTICO
Correos
Llotja de Mar
Fossar de les Moreres
Palacio del Gobernador
Zoológico
JARDINES MOSSÈN CINTO VERDAGUER
PARQUE TRES XEMENEIES
Iglesia de la Mercè
Museo de Cera
Drassanes
Estación de França
JARDÍN BOTÁNICO
PARQUE DEL MIGDIA
Teleférico
Reials Drassanes (Reales Atarazanas)
Monumento a Colón
Barceloneta
Palau de Mar
PASEO ZONA FRANCA
Cementerio del Sud-Oest
Castillo de Montjuïc
JARDINES MOSSÈN COSTA I LLOBERA
Transbordador
Estación Marítima
Torre de Jaume I
World Trade Center
Maremàgnum
L'Aquàrium
Marina del Port Vell
Torre del Gas
PARQUE DE LA BARCELONETA
BARCELONETA
RONDA LITORAL
Estación del Morrot
PASEO CANTUNIS
Muelle de la Costa
Muelle de Poniente
Muelle de Barcelona
Muelle de Bosch i Alsina (Moll de la Fusta)
Muelle de los Pescadores
Torre de St. Sebastià
Playa de la Barceloneta
PASEO MARÍTIM

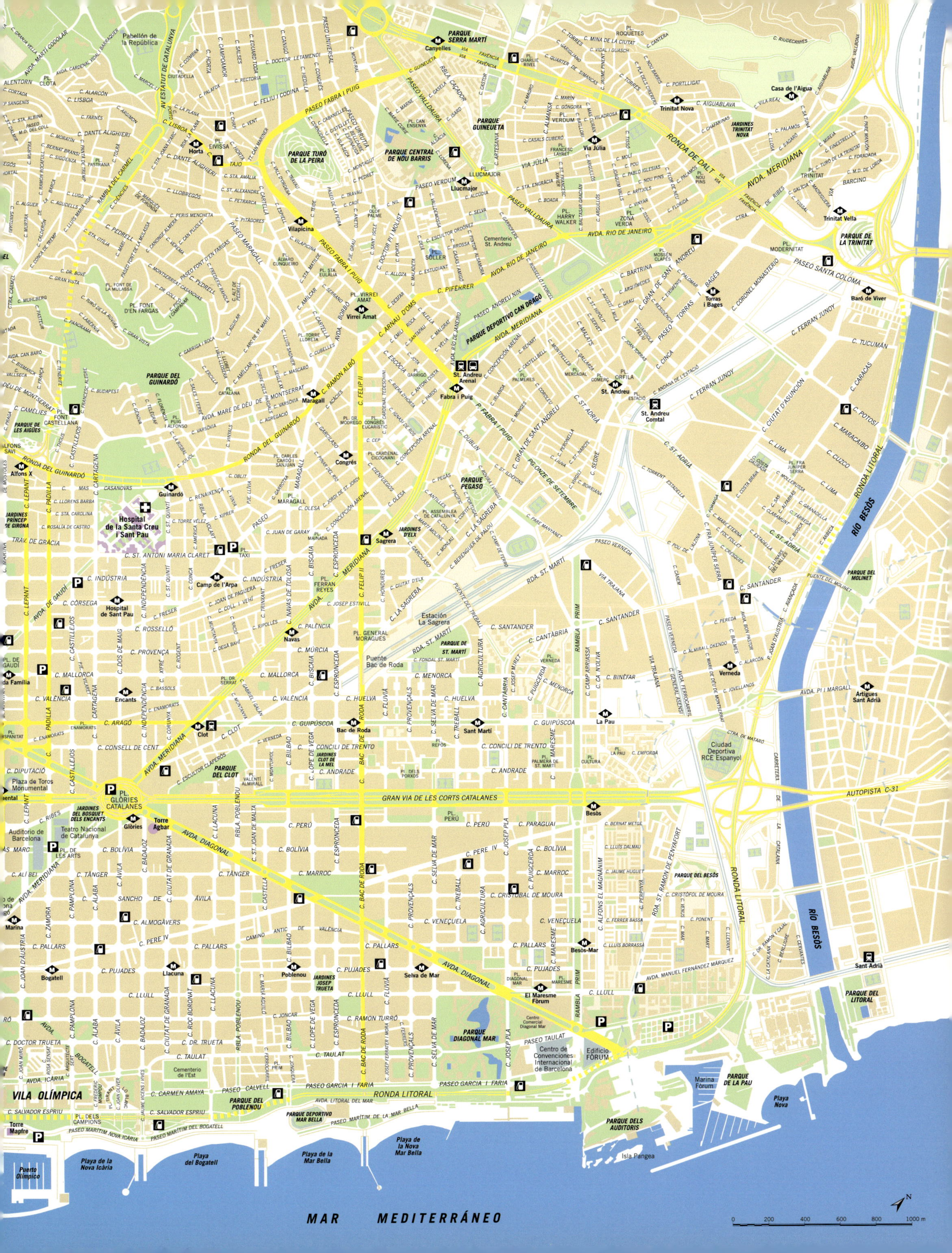
MAR MEDITERRÁNEO
VILA OLÍMPICA
GRAN VIA DE LES CORTS CATALANES
AVDA. DIAGONAL
AVDA. MERIDIANA
RONDA DE DALT
RONDA LITORAL
RONDA DEL GUINARDÓ
AUTOPISTA C-31
RÍO BESÒS
PASEO FABRA I PUIG
PASEO VALLDAURA
PASEO MARAGALL
AVDA. RIO DE JANEIRO
C. ARAGÓ
C. GUIPÚSCOA
RAMBLA PRIM
C. BAC DE RODA
C. FELIP II
C. PERE IV
PASEO GARCIA I FARIA
Pabellón de la República
PARQUE SERRA MARTÍ
Canyelles
Casa de l'Aigua
Trinitat Nova
JARDINES TRINITAT NOVA
PARQUE GUINEUETA
PARQUE CENTRAL DE NOU BARRIS
PARQUE TURÓ DE LA PEIRA
Llucmajor
Via Júlia
Horta
Vilapicina
Virrei Amat
Cementerio St. Andreu
Trinitat Vella
PARQUE DE LA TRINITAT
Baró de Viver
Torras i Bages
PARQUE DEPORTIVO CAN DRAGÓ
St. Andreu Arenal
Fabra i Puig
St. Andreu
St. Andreu Comtal
PARQUE DEL GUINARDÓ
Maragall
Alfons X
Guinardó
Congrés
PARQUE PEGASO
Hospital de la Santa Creu i Sant Pau
Sagrera
Camp de l'Arpa
Hospital de Sant Pau
Navas
Estación La Sagrera
Puente Bac de Roda
Encants
Clot
Bac de Roda
Sant Martí
La Pau
Verneda
Artigues Sant Adrià
Ciudad Deportiva RCE Espanyol
PARQUE DEL CLOT
Plaza de Toros Monumental
PL. GLÒRIES CATALANES
Glòries
Torre Agbar
Auditorio de Barcelona
Teatro Nacional de Catalunya
Besòs
Besòs-Mar
PARQUE DEL BESÒS
Marina
Bogatell
Llacuna
Poblenou
Selva de Mar
El Maresme Fòrum
PARQUE DIAGONAL MAR
Centro de Convenciones Internacional de Barcelona
Edificio FÒRUM
Sant Adrià
PARQUE DEL LITORAL
Marina Fòrum
PARQUE DE LA PAU
Playa Nova
PARQUE DELS AUDITORIS
Isla Pangea
PARQUE DEL POBLENOU
PARQUE DEPORTIVO MAR BELLA
Torre Mapfre
Puerto Olímpico
Playa de la Nova Icària
Playa del Bogatell
Playa de la Mar Bella
Playa de la Nova Mar Bella
0 200 400 600 800 1000 m
N

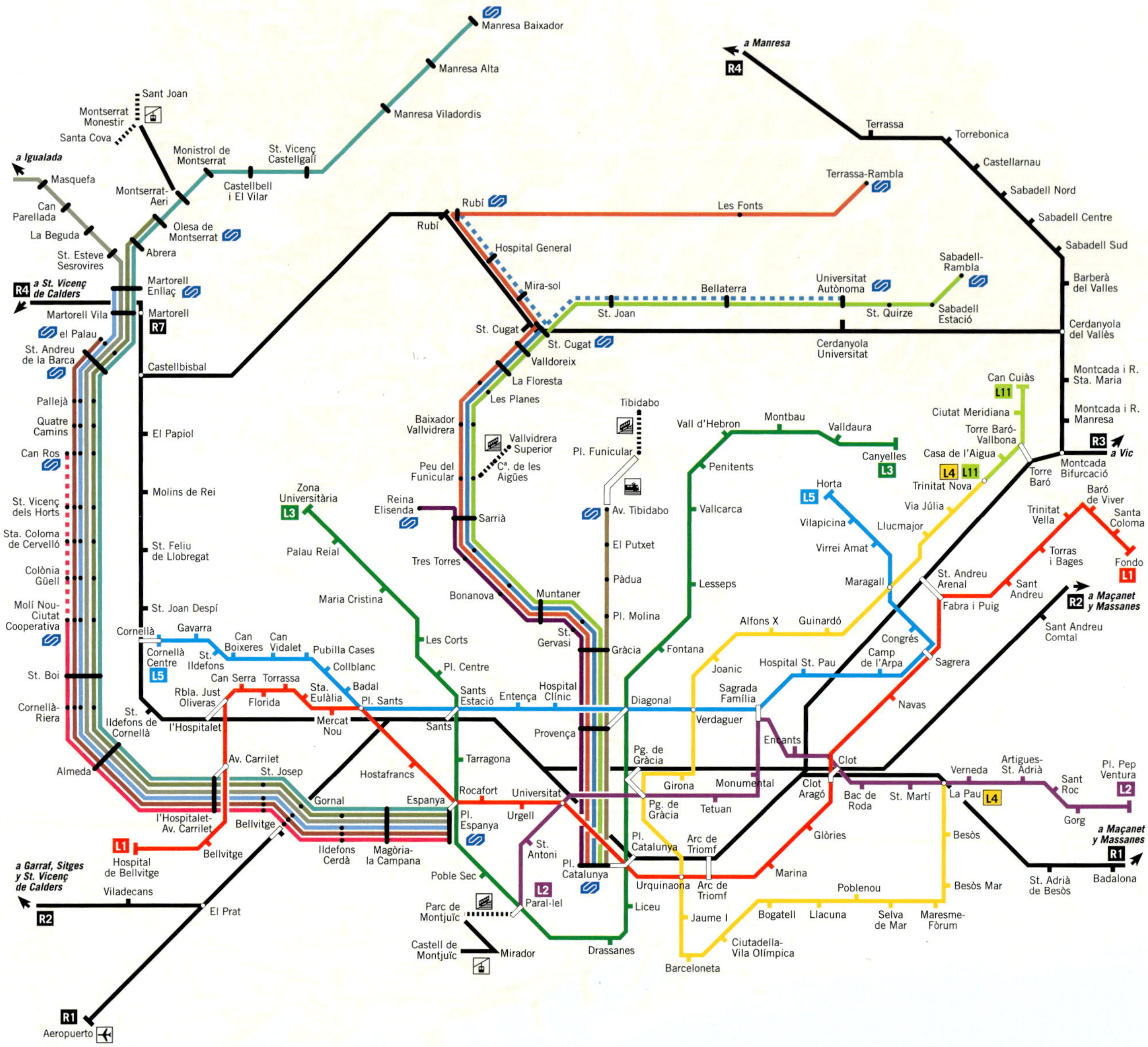

Red de ferrocarriles de la Generalitat de Catalunya

U6	Pl. Catalunya / Reina Elisenda
U7	Pl. Catalunya / Av. Tibidabo
S1	Pl. Catalunya / Terrassa
S2	Pl. Catalunya / Sabadell
L8	Pl. Espanya / Molí Nou
S33	Pl. Espanya / Can Ros
S4	Pl. Espanya / Olesa de Montserrat
S5	Pl. Catalunya / St. Cugat / Rubí
S55	Pl. Catalunya / Universitat Autònoma
S7	Pl. Espanya / El Palau
S8	Pl. Espanya / Martorell-Enllaç
R5	Pl. Espanya / Manresa
R6	Pl. Espanya / Igualada

- Cercanías RENFE
- Estación
- Estación de correspondencia
- Tren al aeropuerto
- Tramvia Blau
- Funicular
- Teleférico

Red de metro

Línea 1	Hospital de Bellvitge / Fondo
Línea 2	Paral·lel / Pl. Pep Ventura
Línea 3	Zona Universitària / Canyelles
Línea 4	La Pau / Trinitat Nova
Línea 5	Cornellà Centre / Horta
Línea 11	Trinitat Nova / Can Cuiàs

Puigcerdà
Queixans
Urtx
Alp
Bellver de Cerdanya
Martinet
N-260
C-16
Núria
Setcases
Queralbs
C-38
Beget
Camprodón
Túnel del Cadí
Tosa d'Alp 2536
Comabona 2547
PARQUE NATURAL DEL CADÍ-MOIXERÓ
Pedraforca 2497
Toses
Planoles
Ribes de Freser
Castellar de n'Hug
E-9
Bagà
Gisclareny
Gombrèn
Sant Pau de Segúries
Sant Joan de les Abadesses
Túnel de Collabós
C-26
Sant Joan les Fonts
Castellfollit de la Roca
Guardiola de Berguedà
Gósol
Saldes
la Pobla de Lillet
Sant Julià de Cerdanyola
Campdevànol
Ripoll
N-260
Vallcebre
Malanyeu
Sant Jaume de Frontanyà
Vallfogona de Ripollès
Olot
Fumanyà
Fígols
la Nou de Berguedà
Castell de l'Areny
les Llosses
el Ter
C-152
Siuret
Santa Pau
Sant Llorenç de Morunys
Cercs
Vilada
Borredà
la Farga de Bebié
Santa Maria de Besora
Vidrà
GIRONA
LLEIDA
Castellar del Riu
Espinalbet
Emb. de la Baells
la Quar
Alpens
Montesquieu
Sora
Sant Quirze de Besora
Vallelles
Berga
Emb. de la Llosa del Cavall
Avià
Sant Maurici de la Quar
Sant Agustí de Lluçanès
C-17
Sant Pere de Torelló
Sant Feliu de Pallerols
Sta. Eulàlia de Puig-oriol
Sant Boi de Lluçanès
Sant Vicenç de Torelló
Pruit
les Planes d'Hostoles
Olvan
l'Espunyola
BERGUEDÀ
C-154
Sagàs
Lluçà
Perafita
Orís
Torelló
C-153
C-63
Gironella
Sant Martí d'Albars
Sobremut
OSONA
Santa Maria de Corcó
Rupit
Amer
Solsona
C-26
Montmajor
Montclar
Casserres
Santa Maria de Merlès
Prats de Lluçanès
Sant Hipòlit de Voltregà
Sta. Cecília de Voltregà
Manlleu
les Masies de Roda
Tavertet
Navès
Emb. de Sant Ponç
Puig-reig
Olost
Sant Bartomeu del Grau
Roda de Ter
Emb. de Sau
Emb. de Susqueda
Anglès
Viver
el Llobregat
la Torre d'Oristà
Sant Feliu Sasserra
C-154
C-25
Gurb
Tavèrnoles
Sant Romà de Sau
Serrateix
Oristà
Vic
Folgueroles
Vilanova de Sau
Sant Martí de Riudeperes
Osor
Clariana de Cardener
C-55
Cardona
Castelladral
Gaià
Santa Eulàlia de Riuprimer
Calldetenes
Sant Julià de Vilatorta
el Miracle
Navàs
Senfores
Santa Eugènia de Berga
Sant Sadurní d'Osormort
Sant Hilari Sacalm
Su
E-9
Malla
Muntanyola
C-17
Taradell
Viladrau
Avinyó
Santa Maria d'Oló
l'Estany
Tona
C-25
Santa Coloma de Farners
AP-7
Ardèvol
Salo
Balsareny
C-16
C-59
Collsuspina
Seva
el Brull
Matagall 1697
Arbúcies
C-63
Pinós
Súria
Sallent
C-25
Moià
Centelles
PARQUE NATURAL DEL MONTSENY
les Agudes 1706
Turó de l'Home 1712
Emb. de Santa Fe
Sils
E-15
BAGES
Artés
Calders
C-1413
Aiguafreda
C-35
C-1412
Sant Mateu de Bages
Santpedor
Monistrol de Calders
Castellcir
Montseny
Fogars de Montclús
Breda
Hostalric
N-II
Calonge de Segarra
Fonollosa
Callús
Sant Fruitós de Bages
Navarcles
Castellterçol
VALLÈS ORIENTAL
Tagamanent
Gualba
Aguilar de Segarra
Sant Joan de Vilatorrada
Talamanca
Sant Quirze Safaja
Figaró
Campins
Fogars de la Selva
Calaf
Sant Pere Sallavinera
C-25
Rajadell
Manresa
el Pont de Vilomara
Mura
Granera
Sant Esteve de Palautordera
Santa Maria de Palautordera
la Tordera
Pujalt
els Prats de Rei
Sant Salvador de Guardiola
C-55
Gallifa
Montmany
Cànoves
Tordera
Sant Martí de Sesgueioles
Castellfollit del Boix
PARQUE NATURAL DE SANT LLORENÇ DEL MUNT I SERRA DE L'OBAC
la Garriga
Bigues
Sant Pere de Vilamajor
Sant Antoni de Vilamajor
Sant Celoni
PARQUE NATURAL DEL MONTNEGRE-CORREDOR
Palafolls
Sant Vicenç de Castellet
Sant Llorenç de Savall
Sant Feliu de Codines
Ametlla del Vallès
Cardedeu
Vilalba Sasserra
Vallgorguina
C-32
Malgrat de Mar
Veciana
ANOIA
Castellgalí
C-37
C-16
Santa Eulalia de Ronçana
Llinars del Vallès
Santa Susanna
Rubió
Maians
Castellar del Vallès
Caldes de Montbui
C-17
C-61
Sant Cebrià de Vallalta
Pineda de Mar
Montmaneu
Copons
PARQUE NATURAL DE LA MONTAÑA DE MONTSERRAT
Monistrol de Montserrat
Canovelles
les Franqueses del Vallès
C-35
MARESME
Arenys de Munt
Calella
A-2
Jorba
Òdena
Matadepera
VALLÈS OCCIDENTAL
Sentmenat
C-59
Granollers
Dosrius
Sant Vicenç de Montalt
Sant Pol de Mar
Panadella
Argençola
Igualada
1236
Monasterio de Montserrat
Vacarisses
Parets del Vallès
la Roca del Vallès
Sant Andreu de Llavaneres
Canet de Mar
Santa Margarida de Montbui
Castelloli
el Bruc
E-9
C-58
Terrassa
Sabadell
Palau-solità i Plegamans
AP-7
C-60
Arenys de Mar
Caldes d'Estrac
C-241
Vilanova del Camí
la Pobla de Claramunt
Collbató
A-2
Olesa de Montserrat
Santa Perpetua de Mogoda
Montmeló
Òrrius
Argentona
N-II
Mataró
Santa Coloma de Queralt
Sant Martí de Tous
Esparreguera
Viladecavalls
Sant Quirze del Vallès
Barberà
Montornès del Vallès
Cabrils
Cabrera de Mar
Santa Maria de Miralles
Capellades
Piera
Ullastrell
E-15
Mollet del Vallès
Premià de Dalt
Vilassar de Dalt
Bellprat
Carme
Orpí
Masquefa
Abrera
el Llobregat
Cerdanyola del Vallès
Ripollet
Teià
C-32
Vilassar de Mar
Vallbona d'Anoia
Rubí
Montcada
Alella
Premià de Mar
Mediona
C-15
Martorell
Castellbisbal
C-58
Tiana
el Masnou
la Llacuna
Sant Pere de Riudebitlles
Sant Llorenç d'Hortons
AP-7
C-16
Sant Cugat del Vallès
Santa Coloma de Gramenet
Montgat
C-37
Sant Quintí de Mediona
Sant Sadurní d'Anoia
Gelida
Sant Andreu de la Barca
PARQUE DE COLLCEROLA
C-31
Badalona
el Pla del Penedès
Guardiola de Font-rubí
E-15
A-2
Corbera
Pallejà
Molins de Rei
B-20
Sant Adrià de Besós
Pontons
ALT PENEDÈS
Puigdàlber
Santa Fe del Penedès
Sant Vicenç dels Horts
Vallirana
Sant Feliu
Sant Just Desvern
BARCELONA
Torrelles de Foix
Vilobí del Penedès
Sant Pau d'Ordal
Cervelló
Esplugues
B-10
Sant Martí Sarroca
les Cabanyes
la Granada
Santa Coloma de Cervelló
Sant Joan Despí
l'Hospitalet de Llobregat
Pacs del Penedès
N-340
Olesa de Bonesvalls
BAIX LLOBREGAT
Vilafranca del Penedès
Sant Cugat Sesgarrigues
Cornellà
Sant Boi
Castellví de la Marca
AP-7
Begues
Viladecans
el Prat de Llobregat
Olivella
els Monjos
Olèrdola
PARQUE NATURAL DEL GARRAF
Gavà
C-31
Laguna de la Ricarda
Aeropuerto de Barcelona
E-90
AP-2
Canyelles
GARRAF
C-32
Laguna del Remolar
Castelldefels
Castellet
C-15
Sant Pere de Ribes
C-51
Emb. de Foix
C-32
Garraf
el Vendrell
N-340
Sitges
Sant Vicenç de Calders
C-32
Vilanova i la Geltrú
C-31
Cubelles
Calafell
TARRAGONA
MAR MEDITERRÁNEO
N
0
10
20 km

Wir möchten allen Institutionen und Personen für ihre Mitwirkung an der vorliegenden Ausgabe danken.

Verlag: Ediciones Aldeasa
Verlagskoordination: Ana Martín Moreno

Text: Jorge Falcó
Übersetzung: Cordula Danco
Fotos: Archiv Ediciones Aldeasa
Alle Fotos dieses Bands sind von **Mike Merchant.** Ausnahmen: **Ignasi Rovira,** 17, 19, 21, 29, 43, 47, 48-49, 52-53, 54a, 63, 69, 73, 81, 82a, 83, 85, 88-89, 93, 95. **Oriol Llauradó,** 12-13, 100, 101, 102, 103, 104, 105, 106, 107. **Pere Vivas/Ricard Pla/Pep Botey,** 86, 87. **Tavisa,** 4-5. **José Barea,** 96-97. **Pablo Martí Deveses,** 98, 99 und Umschlagfoto. **Pere Vivas/Museo de Historia de la Ciudad de Barcelona,** 22-23. **Ramón Muro/Museu Picasso. Barcelona,** 58b.

Grafikdesign: Estudio OdZ
DTP: Myriam López Consalvi
Kartografie: Pedro Monzo
Fotomechanik: Lucam
Druck: Gráficas Palermo

ISBN: 84-8003-892-6
ISBN: 987-84-8003-892-8
Depósito legal: M-2557-2006
Gedruckt in Spanien. *Printed in Spain*